Friedel Marksteiner

MEIN POTENZIAL ENTWICKELN

DAS PENDEL ALS NAVIGATOR

novum ⬗ pro

Dieses Buch ist auch als
e-book
erhältlich.

w w w . n o v u m v e r l a g . c o m

Bibliografische Information
der Deutschen Nationalbibliothek:

Die Deutsche Nationalbibliothek
verzeichnet diese Publikation in
der Deutschen Nationalbibliografie.
Detaillierte bibliografische Daten
sind im Internet über
http://www.d-nb.de abrufbar.

© 2023 novum Verlag

ISBN 978-3-99131-797-5
Lektorat: Isabella Busch
Umschlagfotos: Lumikk555, Mikeaubry,
Tasakorn Kongmoon | Dreamstime.com
Umschlaggestaltung, Layout & Satz:
novum Verlag
Innenabbildungen: Irene Epp

www.novumverlag.com

Climate neutral
Print product
ClimatePartner.com/16547-2201-1002

Haftungsausschluss

Die Ratschläge und Empfehlungen in diesem Buch wurden sorgfältig erwogen und geprüft. Sie stellen jedoch keinen Ersatz dar für kompetenten medizinischen oder psychologischen Rat. Die Angaben in diesem Buch erfolgen daher ohne Gewährleistung oder Garantie seitens des Autors und des Verlags. Eine Haftung des Autors beziehungsweise des Verlags und seiner Beauftragten für Personen-, Sach- und Vermögensschäden ist daher ausgeschlossen.

Inhaltsverzeichnis

Vorwort

Zur Potenzialarbeit, also zur Arbeit an den geistigen Potenzialen, kam ich über die Erfahrung aus der jahrzehntelangen Beschäftigung mit Yoga, Pendeln und Psychologie. Mit Yoga konnte ich Zustände des Verbundenseins und der Freude erfahren, die weit über das hinausgingen, was ich mir davor vorstellen konnte. Daraus resultierte Entspannung, eine Stärkung meiner Konzentrationsfähigkeit und ein besseres Umgehen mit mir selbst und meinen Mitmenschen. Meine Einstellungen und Verhaltensmuster änderten sich allerdings nur wenig. Es blieben Abweichungen von dem, was ich mir als Verhalten gewünscht hätte, vielleicht in etwas abgeschwächter Form. Da ich den Grund für diese Abweichungen nicht kannte und weder durch Yoga noch durch Psychologie kennenlernen konnte, blieben sie über die Jahre meine ständigen Begleiter. Nicht, dass diese Abweichungen schlimm gewesen wären. Aber ich habe gemerkt, dass sie mich in meiner Entwicklung gebremst haben, indem ich immer wieder in alte Muster zurückgefallen bin. Dieselbe Feststellung habe ich bei vielen Menschen gemacht, mit denen ich als Yoga-Trainer zu tun hatte.

Zum Pendeln kam ich über mein Interesse an Fragen der Gesundheit. Aus immer neuen Fragestellungen an das Pendel entwickelte sich allmählich die Einsicht, dass unsere geistigen Energien einen starken Einfluss auf unsere Gesundheit und unser Wohlbefinden haben. Meine Beschäftigung mit dem Enneagramm gab schließlich den Ausschlag dafür, mich direkt mit den geistigen Potenzialen zu befassen. Das Enneagramm bringt uns die Qualitäten unserer Potenziale, vor allem der Charaktereigenschaften näher und versetzt uns in die Lage, besser einschätzen zu können, wie wir mit ihnen, also mit geistiger Energie im weitesten Sinne, umgehen. Von da aus war es nur noch ein kleiner Schritt zur Beschäftigung mit einzelnen Energien, Potenzialen, wie wir

sie beispielsweise in unseren Charaktereigenschaften und Bedürfnissen haben. Dabei konnte ich feststellen, a) dass man mit dem
Pendel tatsächlich geistige Energien messen kann, b) dass Yoga
recht hat, wenn es sagt, dass man geistige Energien mit Bewusstsein, Ausrichtung und Willen beeinflussen kann und c) dass die
systematische Definition unserer geistigen Energien als Charaktereigenschaften, wie sie die experimentelle Psychologie vor-
nimmt, stimmig ist.

Nach und nach konnte ich diese drei Bereiche zu einer Einheit
zusammenführen und möchte sie nun in dieser Einheit als einen
Weg der Entwicklung unseres Selbst präsentieren.

Einleitung

Selbstverwirklichung ist in unserer Gesellschaft ein starker Begriff. Für viele Menschen ist sie ein echtes Bedürfnis. Gemeint ist nicht die flache Form des Ego-Trips, der sein Heil im äußeren Erfolg sucht, sondern das Bemühen, in die Welt zu bringen, was uns im Innersten ausmacht. Selbstverwirklichung bedeutet, uns selbst, unsere Identität mit allen Bedürfnissen, Fähigkeiten und Begabungen zu verwirklichen und den eigenen, unverwechselbaren Charakter auszubilden. Da wir – bei allen Gemeinsamkeiten – unglaublich verschiedene Wesen sind, bedeutet das aber auch, dass wir Verschiedenes zu entwickeln haben. Aber was? An dieser Frage haben sich die Weisen von alters her ebenso abgearbeitet wie die umfangreiche Ratgeberliteratur in jüngerer Zeit. Der Beantwortung dieser Frage am ehesten auf der Spur ist nach meiner Überzeugung die östliche Spiritualität, Yoga, Buddhismus und Daoismus, um einige zu nennen. Sie rücken die Introspektion ins Zentrum, und damit das Erforschen und Kennenlernen des eigenen Grundes. Wir können ja nur verwirklichen, was wir kennen, womit wir vertraut sind.

Ich schlage in diesem Buch einen energetisch-messenden Weg vor. Zum Vermessen unserer inneren Welt und als Navigationsgerät zur Orientierung auf dem Weg der Entwicklung nehmen wir dabei das Pendel zu Hilfe – neben den Methoden und Techniken, die es für diese Entwicklung auch braucht. Dieses Buch richtet sich also an diejenigen, die sich schon auf den Weg der Entwicklung des eigenen Selbst begeben haben oder die neugierig sind, einen solchen zu begehen. Dass der hier vorgeschlagene Weg vielversprechend ist, bestätigten mir zahlreiche meiner Freunde, die das Manuskript zu diesem Buch mit großem Gewinn gelesen haben, obwohl sie mit dem Pendel keine Erfahrung hatten.

Ich beschäftige mich seit vielen Jahren mit dem Pendeln – anfangs hauptsächlich zu Gesundheitszwecken – und bin dabei in Bereiche vorgestoßen, die mit den geistigen Grundlagen der

Gesundheit zu tun haben. Daraus ist der Gedanke entstanden, direkt mit den geistigen Potenzialen zu arbeiten – insbesondere mit den Bedürfnissen und Charaktereigenschaften. Mit diesem Vorgehen konnte ich zunächst die eigenen und dann auch die Potenziale anderer Menschen in ihrer aktuellen Ausprägung identifizieren und messen. Daraus resultierten erstaunlich präzise und zutreffende, oft – auch in eigener Sache – überraschende Ergebnisse. Erst durch das Pendelergebnis wurde mir beispielsweise klar, dass ich nicht gelernt habe, meine eigenen Bedürfnisse ausreichend gut wahrzunehmen. Dass solche Ergebnisse in einem Bereich erzielt werden, der uns normalerweise nicht bewusst zugänglich ist, deutet darauf hin, dass wir hier bislang ungenutzte Möglichkeiten zur Entwicklung und Verwirklichung unserer Potenziale haben.

Tatsächlich können wir die menschliche Grundfrage des ‚Wer bin ich?‘ auf eine ganz neue, einfache und systematische Art stellen und beantworten, wenn wir die Welt unserer geistigen Potenziale mit dem Pendel für uns erschließen. Wir können unsere Stärken und Schwächen zielgenau identifizieren und wir können durch Messung feststellen, ob wir mit unseren Potenzialen in einem kohärenten Zustand sind, im ‚Flow‘, wie es der Psychologe M. Csikszentmihalyi genannt hat. Um diese Potenziale gezielt in einen kohärenten Zustand zu bringen, braucht es natürlich mehr. Davor liegt die Aufgabe, unsere geistigen Potenziale kennenzulernen, ihre Funktion und Wirkungsweise zu verstehen, sowie Möglichkeiten zu finden, mit ihnen energetisch zu arbeiten. Die Summe all dieser Aktivitäten möchte ich als Potenzialarbeit bezeichnen. Das Verständnis dafür werde ich in den folgenden Kapiteln anhand von Beispielen der Potenziale der Charaktereigenschaften und der Bedürfnisse vermitteln. Das sind diejenigen Potenziale, die den inneren Kern unserer Persönlichkeit, unsere Identität beeinflussen und steuern. Ganz allgemein gesprochen sind unsere Bedürfnisse das, was unsere Aufmerksamkeit nach außen lenkt und uns im Leben vorwärtstreibt. Unsere Charaktereigenschaften dagegen machen das Wie unseres Seins und Tuns aus. Sie prägen unser Verhalten, unsere Einstellungen, die Art und Weise, wie wir unsere Bedürfnisse erfüllen und wie wir mit uns selbst und mit anderen Menschen umgehen.

Im ersten Schritt der Potenzialarbeit geht es darum, dass wir uns im Rahmen einer Bestandsaufnahme durch gezielte Abfragen und Messungen einen Überblick über unsere Potenziale verschaffen, insbesondere darüber, wo Entwicklungsbedarf besteht, wir also das in uns angelegte Potenzial nicht ausgeschöpft haben. Wir werden auch der Frage nachgehen, welche von den Potenzialen ‚störanfällig' sind, d. h. mit Situationen von Stress im Zusammenhang stehen.

Um Potenziale zu entwickeln, müssen wir sie auch beeinflussen können. Hier gibt es eine ganze Reihe von Methoden, psychologische, energetische, geistige. In den Abschnitt zur laufenden Potenzialarbeit habe ich Übungen aufgenommen, die sich für mich bewährt haben. Diese können durch eigene ähnliche Übungen ergänzt oder ersetzt werden. Entscheidend ist, dass der Zweck der Übungen erreicht wird, den Energiefluss zu verbessern und die Energie der Potenziale zu stärken. Mit dem Pendel können wir bereits vorab testen, ob eine bestimmte Übung für uns und den gewünschten Zweck geeignet ist. Wenn wir unsere Potenziale immer besser verstehen und steuern lernen, schaffen wir die Voraussetzung für ihre Verwirklichung und damit für unser Glück. Carl-Friedrich von Weizsäcker hat diesen Zusammenhang sehr schön auf den Punkt gebracht: „Ich glaube, dass Glück letzten Endes ein Indikator der Stufen der Selbstverwirklichung ist."[1] Das Thema Glück ist deshalb Gegenstand eines eigenen Kapitels.

Was wir hier über Potenzialarbeit sagen, handelt zwar vom Geist, hat aber viel mit Naturwissenschaft zu tun. Es bewegt sich im Rahmen des Weltbilds, das sich aus der neuen Naturwissenschaft – in der Folge der Quantenrevolution – ergibt. In unser Verständnis des Kosmos gehen die weitergehenden Vorstellungen der Quantenwissenschaften ein, dass die Natur und damit auch wir von Potenzialfeldern, also von Information und daraus abgeleiteter Energie gesteuert werden. Daraus ergibt sich für uns ein starkes Moment des Verbundenseins, da wir unsere geistigen

Potenziale mit allen Menschen teilen. Dieses Verbundensein wird uns auch von der Anthropologie bestätigt, die uns zeigt, dass die Charaktereigenschaften für alle Menschen die gleichen sind, ohne dass sie in den Genen oder Instinkten angelegt wären.

Zum neuen Verständnis unserer Geistigkeit tragen auch die Humanwissenschaften bei. Psychologie, Neurowissenschaften und Verhaltensökonomie haben zuletzt gezeigt, dass die Geistigkeit nicht auf das Gehirn beschränkt ist und dass unsere Gefühle eine viel größere Rolle spielen als bisher angenommen. Anthropologie und Neurowissenschaften zeigen, dass der Mensch von seiner Prägung her altruistisch und prosozial ist, er wendet sich gerne und aufmerksam anderen zu. Anthropologie und Soziologie weisen uns darauf hin, dass im Wirtschaftsleben partnerschaftliche Strategien nicht nur erfolgreicher sind, sondern sich in unseren großen, vernetzten Gesellschaften zwangsläufig durchsetzen.

Aus all dem entsteht ein neues Welt- und Menschenbild. Es liegt auf einer geistigen Linie mit den im nächsten Abschnitt präsentierten Vorstellungen zur Potenzialwelt. Deshalb wird diese Entwicklung vom alten zum neuen Welt- und Menschenbild in geraffter Form in Anhang 1 dargestellt. Am Ende des Buchs findet sich ein Verzeichnis weiterführender Literatur.

Dass wir über unsere Potenziale geistig mit dem Kosmos verbunden sind und mit unserem Bewusstsein diese Potenziale auch beeinflussen können, stellt eine neue menschliche Grunderfahrung dar. Die Potenzialarbeit schafft einen Zugang zu ihr und damit ein neues Sinnerleben und einen Zugewinn an persönlicher Erfüllung. Das sollte Motivation genug sein, um uns mit ihr näher zu beschäftigen.

1 Die Welt der Potenziale

1.1 Die Logik der Potenziale

Wenn wir von Potenzialen sprechen, meinen wir im normalen Sprachgebrauch die Möglichkeiten, die in einem Menschen oder in einer Sache stecken. Potenziale haben aber noch eine weitergehende Bedeutung, in der sie vor allem in der Physik Anwendung finden. Danach sind Potenziale Felder, von denen Wirkungen, Energien ausgehen. Die bekanntesten Felder der Physik sind das Gravitationsfeld und das elektromagnetische Feld. In jüngster Zeit wurde der Feldbegriff der Physik erweitert um die sogenannten Quantenfelder, die den Aufbau der Materie steuern, etwa die Felder der Elektronen oder der Atome. Der Quantenchemiker Lothar Schaefer hat vor wenigen Jahren gezeigt, dass Potenziale – als Informationsfelder – ein allgemeines Instrument der Natur sind. Die Vorgänge bei der Molekülbildung, also der Synthese von Molekülen aus Atomen, werden durch sogenannte Potenzialfelder – mit kosmischem Wirkungsbereich – gesteuert. In diesen Potenzialfeldern sind die Regeln der Molekülbildung enthalten. Diese Regeln bestimmen, welche Moleküle aus den Wellenformen der an der Molekülbildung beteiligten Atome entstehen können. Das konnte Schaefer mithilfe der Wellengleichung von Schrödinger rechnerisch nachvollziehen. Er fand dabei Molekülformen, für die es zum Zeitpunkt der Berechnung experimentell noch keinen Nachweis gegeben hatte – die aber nachträglich gefunden wurden. Man kann die Existenz dieser Potenzialfelder nur aus ihren Wirkungen ableiten, messtechnisch sind sie nicht nachweisbar.

Potenzialfelder scheinen auch bei der Makroevolution der Pflanzen und Tiere eine Rolle zu spielen, bei der Bildung neuer Arten. Das lässt sich sehr schön an der parallelen Entwicklung von Säugetieren und Beuteltieren zeigen. Nach der Abtrennung des australischen Kontinents haben sich die Säugetiere und die ihnen verwandten Beuteltiere auf Australien aus einer gemeinsamen Vorform der Maus entwickelt – zu dieser Zeit weltweit die einzige Säugetierart. Dabei entstanden über die Jahrmillionen in Australien und auf den anderen Kontinenten unabhängig voneinander Tiere mit fast identischem Aufbau: Katzen, Wölfe, Ameisenbären, Maulwürfe, Flughörnchen. Der Unterschied besteht lediglich darin, dass es sich einmal um Säugetiere und in Australien um Beuteltiere handelt. Das ist eigentlich nur zu erklären, wenn man ein gemeinsames Potenzialfeld annimmt, aus dem sich die Formen der verschiedenen Tiere entwickelt haben, und zwar nicht in zufälligen Mikroschritten, sondern in einem großen Entwicklungssprung – wie aus einer Blaupause. Als Ergebnis einer zufälligen Abfolge von einzelnen Mutationen ist es nicht plausibel zu erklären.

Felder scheinen also das universelle Werkzeug der Natur zu sein, das mithilfe von Informationen ihre Abläufe und Strukturen ordnet und organisiert. Mit den Molekülen und Atomen unseres Körpers sind wir unmittelbar in diese Feldstrukturen eingebunden. Von daher liegt es nahe, auch für unsere geistigen Potenziale eine feldartige Struktur anzunehmen, zumal sie mit den Feldern unserer Moleküle und Atome in einem gegenseitigen Austausch stehen. Unsere geistigen Potenziale geben z. B. in Form von Gefühlen Impulse an die Atome und Moleküle unserer Zellen und Organe weiter und empfangen umgekehrt von diesen Impulse, die sich dann als Gefühle manifestieren.

Welches sind nun unsere wichtigsten geistigen Potenziale? Das sind einmal die Potenziale der Möglichkeiten des Wissens und des Tuns, in Form unserer Anlagen, Begabungen, Fähigkeiten und Kenntnisse – wie z. B. Sprache, Literatur, Musik, Kunst, Handwerk oder Sport. Das sind Felder, die alle Möglichkeiten zu einem Themengebiet enthalten – realisierte wie noch nicht realisierte. Wir verbinden uns ganz selbstverständlich mit diesen Potenzialen und können unsere Möglichkeiten durch eigene Bemühungen erweitern: Wir lernen oder üben.

Dass diese Potenziale tatsächlich Feldcharakter haben, lässt sich aus den Forschungen der Psychologen und Neurowissenschaftler zum sogenannten Savant-Phänomen schließen. Der Entwicklungspsychologe Joseph Chilton Pearce hat in seinem Buch *Der nächste Schritt der Menschheit* ausführlich darüber berichtet. Als Savants werden Menschen bezeichnet, die über herausragende Spezialbegabungen verfügen, obwohl sie auf dem geistigen Niveau von Kleinkindern stehen und weder schreiben noch lesen können. Die Begabungen der Savants haben eine breite Streuung. Oft geht es um Musik. Bereits nach einmaligem Hören sind manche von ihnen in der Lage, minutenlange Stücke tongenau wiederzugeben und Transkriptionen in beliebige Tonarten sowie freie Improvisationen über diese Stücke auszuführen. Es wurde auch über Fälle von Spezialbegabungen berichtet, in denen Savants im Kopf numerische Berechnungen mit astronomisch großen Zahlenwerten durchführten. Ein Savant-Zwillingspaar in den USA konnte kalendarische Daten über Tausende von Jahren exakt ermitteln, ein anderer Savant konnte aus dem Kopf die technischen Daten sämtlicher aktueller Automobiltypen aufsagen. Diese Fähigkeiten deuten auf eine intensive Verbindung der Savants mit bestimmten Potenzialfeldern hin, auf Kosten der Potenziale für die ‚normalen‘ geistigen Fähigkeiten, die bei ihnen kaum ausgebildet sind.

In eine ähnliche Richtung gehen die Arbeiten von James Hillman, dem langjährigen Leiter des C. G. Jung-Instituts in Zürich. Er hat in seinem Buch *Charakter und Bestimmung* an einer Reihe von biografischen Beispielen eindrucksvoll gezeigt, dass große Begabungen ihre geistigen Potenziale schon als Kleinkinder und ohne Vorbildung zu erkennen geben. Judy Garland etwa als natürlich begabte Tänzerin und Sängerin, die bereits mit zwei Jahren öffentlich in Erscheinung trat, oder Ingmar Bergman, der früh seine Begeisterung zeigte, Filme zu machen, oder Jehudi Menuhin, der mit vier Jahren bereits wusste, dass er Konzertgeiger werden wollte, oder Mozart, der mit drei Jahren mehr musikalisches Verständnis zeigte als die meisten Menschen ihr ganzes Leben lang. Für Hillman ist klar, dass wir nicht als unbeschriebenes Blatt auf die Welt kommen, sondern mit Begabungen, die eine intensive Verbindung mit bestimmten Themenfeldern zeigen.

Als weitere wichtige Potenzialarten sind unsere Bedürfnisse, Charaktereigenschaften und Gefühle zu nennen. Wir brauchen sie, um unsere Fähigkeiten und Anlagen aus der Möglichkeitsform in die Wirklichkeit zu bringen. Nur wenn wir das Bedürfnis haben zu musizieren und wenn es uns gelingt, die Disziplin aufzubringen zu üben, werden wir es zu einer Fähigkeit bringen, mit der wir an unserem Musizieren das Gefühl der Freude erleben. Diese Impulse erhalten wir von unseren Bedürfnissen, den Charaktereigenschaften und den Gefühlen.

Diese Potenziale machen unsere Identität, unseren Charakter aus. In ihnen steckt auch die Dynamik unserer Entwicklung. Sie gilt es freizulegen. Wenn es uns gelingt, uns mit den Feldern dieser Potenziale harmonisch zu verbinden, können wir uns aus dem Raum ihrer Möglichkeiten Inhalte zugänglich machen, die unsere Möglichkeiten erweitern.

Dass auch diese Potenziale einen feldartigen Charakter haben, lässt sich aus den Forschungsergebnissen der Anthropologie und der Psychologie ableiten. Die Forschungen der Anthropologen haben gezeigt, dass die Potenziale unserer Charaktereigenschaften und Gefühle, wie Vertrauen, Liebe, Zorn, Ärger etc. für alle Menschen – bei großen individuellen und manchen kulturbedingten Unterschieden – im Prinzip gleich sind, ohne dass sie in unseren Instinkten oder Genen verankert wären. Das lässt eigentlich nur den Schluss zu, dass wir zu den Charaktereigenschaften und Gefühlen Zugang über nicht-lokale Felder haben.

Das wird durch die Ergebnisse der positiven Psychologie und der Persönlichkeitspsychologie im Ansatz bestätigt. Die positive Psychologie hat in den 90er-Jahren begonnen, ein Konzept von Tugenden und Stärken aufzubauen und dabei festgestellt, dass diese weltweit im Wesentlichen übereinstimmen. Die Persönlichkeitspsychologie kommt zu ähnlichen Ergebnissen. Sie hat durch Sprachanalyse fünf bzw. sechs Haupttypen von Charaktereigenschaften herausgearbeitet, die sich auch im interkulturellen Vergleich als aussagekräftig und stabil herausgestellt haben. Sie hat diese unter den Begriffen ‚Big Five' bzw. ‚Big Six' zusammengefasst und kann aus dem Vorhandensein bzw. der

Stärke ihrer Ausprägung Wahrscheinlichkeiten für das künftige Verhalten einer Person ermitteln (s.a. Tabelle der Charaktereigenschaften in Anhang 3).

Eine weitere wichtige Potenzialart ist das Bewusstsein, als reine Energie. Mit dem Bewusstsein steuern wir die verschiedenen Potenziale an: Wir denken nach, wir musizieren, wir freuen uns. Im normalen Alltag ist diese Steuerung allerdings im Stand-by-Modus. Wir handeln meist gewohnheitsmäßig bzw. automatisch und auf die Außenwelt ausgerichtet. So nehmen wir auch nicht wahr, welche Potenziale wir gerade ,aktiviert' haben, wie es uns im Inneren geht. Unsere Steuerung aktivieren wir nur, wenn wir eine schwierige Aufgabe zu erledigen oder eine Entscheidung zu treffen haben. Dann sind wir fokussiert und richten uns auf Potenziale aus, die wir für die Erledigung unserer Aufgabe brauchen. Das kann z.B. das Potenzial Mut sein, wenn wir in einer schwierigen Situation sind. Wenn wir mit unseren Potenzialen bewusst umgehen, können wir sie gezielt beeinflussen, wir sind sogar in der Lage, bei ihnen nachhaltige Veränderungen anzuregen. Der Neurowissenschaftler Richard Davidson konnte das in seinen Versuchen zeigen. Er stellte über die Messung von Gehirnströmen fest, welche Gehirnbereiche von bestimmten Potenzialen angeregt und entwickelt werden, dass z.B. ganz bestimmte Gehirnareale aktiviert werden, wenn wir glücklich sind. Durch Meditation mit dem Fokus auf liebevoller Zuwendung (*loving kindness*) konnten seine Probanden diese Bereiche messbar aktivieren, was zu dauerhaften Veränderungen im Gehirnaufbau führte. Achtsamkeitsmeditation allein hat diese Ergebnisse nicht erreichen können.

1.2 Die Potenziale für die Potenzialarbeit

Ganz allgemein und theoretisch können wir also sagen, dass wir durch Impulse von geistigen Potenzialen in unserem Denken, Fühlen und Handeln beeinflusst und gesteuert werden. Wenn wir uns ansehen, welche Potenziale das vor allem sind, dann sind das zunächst die Potenziale unserer Bedürfnisse, also das, was uns im Leben vorwärtstreibt. Und dann sind es die Potenziale unserer Charaktereigenschaften im weitesten Sinn: Das sind die Potenziale, die das Wie unseres Seins und Tuns ausmachen. Sie prägen unser Verhalten, unsere Einstellungen, die Art und Weise, wie wir unsere Bedürfnisse erfüllen und wie wir mit uns selbst und mit unseren Mitmenschen umgehen.

Was sind Bedürfnisse?

Unsere Bedürfnisse steuern das Was unseres Tuns. Sie melden sich meist in Form von Wünschen. Sie sind die Potenziale, die uns motivieren und unsere Aufmerksamkeit auf die Wuncherfüllung lenken. Sie bringen uns dazu, zu essen, zu schlafen oder uns im Rahmen einer Partnerschaft oder Familie zu verwirklichen, einer besonderen Fähigkeit oder Begabung nachzugehen oder eine Arbeit zu tun, die wir gerne ausüben. Ob es uns gelungen ist, Bedürfnisse zu erfüllen, oder ob wir daran gescheitert sind, vermittelt sich uns durch Glück spendende oder Stress erzeugende Gefühle, also durch positive oder negative Rückmeldung.

Wenn wir Bedürfnisse energetisch betrachten, leiten sich aus ihnen Energien ab, Impulse, die uns dazu bringen, in Richtung auf ihre Erfüllung aktiv zu werden, einschließlich der Impulse, sie weiterzuentwickeln. In diesem Zusammenhang ist es hilfreich herauszufinden, was unsere wichtigen Bedürfnisse bzw. welches die Ebenen und Bereiche sind, die für die Erfüllung unserer Bedürfnisse geeignet sind. Ebenso hilfreich ist es, nach störenden Einflüssen und deren Ursache zu suchen, wenn wir ein Bedürfnis nicht ausreichend erfüllen konnten.

Der Psychologe Abraham Maslow machte die Erforschung der Bedürfnisse zu seiner Lebensaufgabe. Er fand heraus, dass Bedürfnisse eine natürliche, stufenweise Entwicklung zeigen. Für diese Entwicklung hat er mehrere Ebenen vorgeschlagen, die nach ihm benannte Maslowsche Bedürfnispyramide. Er bezeichnet ihre Hierarchie als ‚instinktoid‘, also ähnlich unseren

Instinkten, da ihre Ebenen bei allen Menschen gefunden werden. Es sind die sechs Ebenen vitale Grundbedürfnisse, Sicherheit, Geborgenheit/Zugehörigkeit, Achtung/Wertschätzung, Selbstverwirklichung und Transzendenz. Die Ebenen der Bedürfnisse sind uns allen gemeinsam, wir unterscheiden uns aber darin, auf welcher Ebene wir unsere Bedürfnisse leben. Entwicklung eines Bedürfnisses bedeutet somit Intensivierung oder eine neue Qualität, die sich in der Einbeziehung einer neuen Ebene zeigen kann. Entwicklung kann sich aber auch im Auftauchen von neuen Bedürfnissen zeigen – wir brauchen da nur an die Abfolge unserer Lebensphasen zu denken.

Man kann also von einer Richtung der Entwicklung sprechen. Bei den Potenzialen, die wir in unseren Bedürfnissen realisieren, ist es die Maslowsche Bedürfnispyramide, die uns eine Richtung zeigt, von der grundlegenden Bedürfnisebene der materiellen Existenz zur Bedürfnisebene der Transzendenz. Klar, es gibt da keine lineare Entwicklung von A nach B, aber wir können aus der Form, in der sich unsere Bedürfnisse melden, Rückschlüsse ziehen, auf welcher Ebene dieser Pyramide wir aktuell stehen bzw. auf welche Ebene wir uns bei einem Bedürfnis zu bewegen.

Nicht alle unsere Bedürfnisse sind allerdings von dieser Entwicklung in gleicher Weise betroffen. Die Motivationspsychologie unterscheidet zwischen Mangelbedürfnissen und Wachstumsbedürfnissen. Mangelbedürfnisse sind im Wesentlichen unsere materiellen Grundbedürfnisse. Wir werden auf sie aufmerksam, wenn ein Mangel eintritt, wenn wir beispielsweise Hunger haben. Nach der Befriedigung geht das Bedürfnis wieder in den Wartezustand zurück. Als Wachstumsbedürfnisse gelten unsere ‚höheren‘ Bedürfnisse, also diejenigen, die über die materiellen Bedürfnisse hinausgehen, wie das Bedürfnis nach Anerkennung oder das nach Verwirklichung. Sie zeichnen sich dadurch aus, dass sie nie die vollständige Erfüllung erreichen. Wenn wir also von der Entwicklung von Bedürfnissen sprechen, sind vor allem die Wachstumsbedürfnisse gemeint.

Die Tabelle der Bedürfnisse in Anhang 3 ist der Versuch einer systematischen Darstellung. In der ersten Ebene ist sie nach

Lebens- und Erfahrungsbereichen gegliedert. Innerhalb der Bereiche ist sie weiter unterteilt nach den Zielen, um die es bei den Bedürfnissen geht.

Was sind Charaktereigenschaften?

Für das Wie des Tuns stehen unsere Einstellungen, Gewohnheiten und Verhaltensmuster, die sich in unseren Charaktereigenschaften mit ihren Stärken und Schwächen manifestieren. Charaktereigenschaften beschreiben somit dauerhafte Eigenschaften einer Person, auf eine bestimmte Weise zu denken, zu fühlen und sich zu verhalten. Unsere Charaktereigenschaften entstammen zu einem guten Teil unseren Anlagen, zum Teil haben sie sich aus unseren Erfahrungen und Überzeugungen entwickelt. Charaktereigenschaften haben großen Einfluss darauf, auf welche Art wir unsere Bedürfnisse erfüllen, wie wir unsere Aufgaben erledigen und wie wir mit uns selbst und mit unseren Mitmenschen umgehen.

Wenn wir die Charaktereigenschaften energetisch betrachten, stellen sie die Regler dar, die die Stärke und die Qualität der Energien bestimmen, die wir in unserem Handeln mobilisieren können. Sie steuern damit sowohl die Intensität unseres Tuns als auch die Stärke und Art der Rückmeldung in Form von Gefühlen, die aus unserem Handeln resultieren. Sie bewirken, dass wir eine Situation als angenehm empfinden und uns von ihr angezogen fühlen oder dass sie bei uns Stress oder einen Fluchtreflex auslöst. Die Charaktereigenschaften sind also entscheidend dafür, wie wir mit einer Situation umgehen und wie es uns in ihr geht.

Während es bei den Bedürfnissen verhältnismäßig einfach ist, die Rückmeldungen, die wir bei ihrer Aktivierung erhalten, einzelnen Potenzialen – Bedürfnissen – zuzuordnen, ist das bei den Charaktereigenschaften nur in Fällen des bewussten Erlebens möglich. Wenn wir uns im Rahmen des Gewohnten bewegen, bleiben die Rückmeldungen für uns unter der Wahrnehmungsschwelle, was aber nicht heißt, dass keine Rückmeldungen empfangen worden wären. Zusätzlich erschwert wird die Zuordnung, da wir es meist mit einer Vielzahl von Charaktereigenschaften zu tun haben, die gleichzeitig aktiv sind. So sind am Entstehen jeder unserer komplexen Empfindungen wie Glück oder Zufriedenheit mehrere Charaktereigenschaften im Zusammenwirken beteiligt. Für eine genaue Zuordnung brauchen wir die Hilfe unserer Mitmenschen, die uns durch ihre Reaktionen zeigen, wenn wir eine Charaktereigenschaft in einer besonders geeigneten oder ungeeigneten Form zum Ausdruck gebracht haben, oder wir brauchen eine Methode, mit der wir einzelne Potenziale in ihren Reaktionen messen können. Diese Zuordnung ist wichtig, wenn wir unsere Charaktereigenschaften in ihren Ausprägungen und Wirkungen kennenlernen und weiterentwickeln wollen.

Wenn wir uns mit einzelnen Potenzialen beschäftigen wollen, ist es zudem hilfreich, den Begriff Charaktereigenschaften um einen Sammelbegriff zu erweitern. Charaktereigenschaften haben viele Schattierungen und Nuancen, was ihre Benennung und Einordnung erschwert. Das hat auch die Persönlichkeitspsychologie erkannt und Sammel-Charaktereigenschaften wie die ‚Big Five' bzw. ‚Big Six' gebildet. Wir nähern uns den Charaktereigenschaften am besten durch Zusammenfassung, indem wir für ähnliche Eigenschaften einen Sammelbegriff einführen. Um das an einem Beispiel zu verdeutlichen: Der Eigenschaftstyp *Erwartungshaltung* (s. die Tabelle der Charaktereigenschaften in Anhang 3) hat eine Spannweite über eine Reihe ähnlicher Eigenschaften, die von absoluter Sicherheit – dem Urvertrauen – bis zu größter Angst – dem absolut fehlenden Vertrauen – geht. Zwischen den beiden Extremen gibt es eine Vielzahl von Ausprägungen, die entweder mehr zum Urvertrauen oder mehr zur Angst tendieren. Jeder von uns partizipiert an mehreren dieser Ausprägungen und wird sie je nach Situation und Befindlichkeit in unterschiedlicher Form aktivieren. Als Sammelbegriff habe ich nun die Bezeichnung Charaktermerkmal eingeführt. Charaktermerkmale fassen die Eigenschaften eines Typs zusammen. Sie sind als polare Einheiten zu sehen, denen wie auf einem Vektor konkrete Ausprägungen – Charaktereigenschaften – zugeordnet sind. Das Minimum eines Vektors ist die schwache

Ausprägung eines Charaktermerkmals, seine unentwickelte Form. Das Maximum ist die entwickelte Form. Die Charaktereigenschaften bilden in ihrer Zuordnung zu den Charaktermerkmalen ein Kontinuum zwischen den Extremen schwacher und starker Ausprägung. Das ist in der Tabelle in Anhang 3 dargestellt. Die Tabelle der Charaktereigenschaften wurde auf der Basis von Typisierungen der aktuellen Psychologie erstellt. Darin enthalten sind einige der von der positiven Psychologie als *Charakterstärken* bezeichneten Elemente. Ebenfalls in der Tabelle enthalten sind die Haupttypen der empirischen Persönlichkeitspsychologie, die *Big Five* bzw. *Big Six*, die in der Tabelle mit (BF) bzw. (BS) gekennzeichnet sind. Dazu sind in die Tabelle die dominierenden Charaktermerkmale der neun Typen des Enneagramms aufgenommen worden, die in der Tabelle mit (E 1–9) markiert sind (s. dazu auch Anhang 2).

Für Charaktereigenschaften können wir zwar keine Hierarchie aufstellen wie bei den Bedürfnissen, aber wir können die Entwicklungsrichtung für jede Charaktereigenschaft in der Bewegung von der schwächeren zur stärkeren Ausprägung auf der Linie ihres Charaktermerkmals sehen. Interessanterweise – aber durchaus folgerichtig – ist die starke Ausprägung eines Charaktermerkmals auch die energiereichere. Sie löst in uns die intensiveren, positiveren Energien aus. Wir spüren das auch und streben intuitiv zu den starken Ausprägungen. Die Philosophen der Antike, die Religionen und die Spiritualität wussten das, der modernen Wissenschaft ist das aus dem Blickfeld geraten. Die Aufklärung, die unsere heutige Wissenschaft stark geprägt hat, dachte mehr in den Kategorien von Vernunft und Logik als in denen von Gefühlen und Energien.

Das Bewusstsein

Das Bewusstsein ist unser Instrument für die verschiedenen Formen der Wahrnehmung: zur Beobachtung und Einfühlung, zur Unterscheidung und Entscheidung. Schließlich ist das Bewusstsein jene Stelle, von der energetische Impulse ausgehen. Diese

Impulse entstehen entweder aus einer konzentrierten, willentlichen Ausrichtung, etwa als Geste der Zuneigung, oder sie finden in einer Form der Vereinigung mit einem Potenzialzustand statt, also etwa einem Gefühl, dem wir uns überlassen. Alle diese Bewusstseinsqualitäten haben eine Ausrichtung nach innen, wo auch die Potenziale aktiv sind.

Mit dem Blick auf unser Vorhaben der Potenzialarbeit stellt sich natürlich die Frage, ob wir mit unserem Bewusstsein die Voraussetzungen mitbringen, um mit unseren Potenzialen zu arbeiten. Dazu wäre eine genaue Kenntnis unserer Potenziale erforderlich, mit ihren Stärken und Schwächen. Wenn wir uns nun prüfen, wie viel wir über unsere Potenziale wissen, werden wir feststellen: erstaunlich wenig. Und das Wenige ahnen wir mehr, als dass wir es wüssten. Das wird jeder bestätigen, der schon einmal versucht hat, sein Verhalten in bestimmten Situationen zu hinterfragen und vielleicht zu ändern. Das gelingt uns im Alltag höchst selten, weil wir da – was unsere Wahrnehmung betrifft – über weite Strecken auf Automatik geschaltet sind. Wir nehmen nicht bewusst wahr, was in uns geschieht. Wir denken und urteilen in gewohnten Mustern, wissen aber gar nicht, dass es sich um Gewohnheiten und Muster handelt.

Aber selbst wenn wir uns bewusst nach innen ausrichten, sind wir nicht gut dafür gerüstet, den Anteil unserer verschiedenen Potenziale an unserem Verhalten richtig einzuschätzen. Das liegt zum einen daran, dass zu jedem Zeitpunkt mehrere Potenziale aktiv sind. Zum anderen haben wir keinen gedanklichen Zugang zu den Rückmeldungen zum Potenzialgeschehen, die wir über die Gefühle erhalten. Die bekommen wir aus dem limbischen System, unserem Gefühlsgehirn. Dieser Teil unseres Gehirns ist uns aber nicht klar und in Einzelheiten bewusst. Diese Schwäche versuchen wir mit logischen Begründungen unseres Verstandes zu kompensieren, der allerdings weniger auf Intuition als auf Rechtfertigung und Verteidigung spezialisiert ist. Das hat Daniel Kahneman in seinem Buch *Schnelles Denken, langsames Denken* gezeigt. Wir müssen also erst lernen, das Gefühlserleben in unser Denken und Handeln mit einzubeziehen und uns auch mit Gefühlserfahrungen der Vergangenheit auseinanderzusetzen, indem wir sie bewusst aufrufen, um sie verstehen und annehmen zu können. Dazu kommen teils angeborene, teils erworbene Schwächen unserer Selbstwahrnehmung. Unser Bewusstsein ist zwar sehr gut darauf eingestellt, Unterschiede wahrzunehmen, aber nicht so gut darauf, diese Unterschiede zu bewerten. Wir neigen auch dazu, unsere Fähigkeiten und Möglichkeiten zu überschätzen, so wie wir unseren Gewohnheiten und Einstellungen größere Bedeutung zumessen, als ihnen zukommt, weil wir mit ihnen vertraut sind. Auch diese Schwächen wurden in zahlreichen Versuchen der Verhaltensökonomie aufgezeigt (s. dazu Anhang 1).

Wie können wir aber zu der genauen Kenntnis unserer Potenziale kommen, die wir brauchen, wenn wir sie besser einsetzen, gar weiterentwickeln wollen? Angesichts der Schwäche unserer intuitiven Selbstwahrnehmung sind wir auf Hilfsmittel mit größerer Präzision angewiesen. Da sich die Impulse unserer Potenziale in Form von Energien manifestieren, ist es naheliegend, über die Messung dieser Energien zu einer besseren Einschätzung zu kommen. Dass es sich bei unseren Potenzialen tatsächlich um Energien handelt, erkennen wir leicht, wenn wir verliebt sind. Da steht uns fast unbegrenzte Energie zur Verfügung. Ähnlich bei unseren Begabungen. Wenn wir diesen nachgehen, fließt uns automatisch Energie zu. In Abschnitt 2 werden wir erfahren, wie wir diese Energien messen können.

Wenn es uns gelingt, unsere Potenziale gezielt zu identifizieren und zu vermessen, können wir uns denjenigen von ihnen zuwenden, die einer Entwicklung bedürfen. Da können wir uns nun auf unser Bewusstsein stützen, auf seine Fähigkeit, sich auszurichten, bewusst zu beobachten und zu reagieren. Viktor Frankl hat diese Kunst des Reagierens sehr schön beschrieben: „Zwischen Reiz und Reaktion liegt ein Raum. In diesem Raum liegt unsere Macht zur Wahl unserer Reaktion. In unserer Reaktion liegen unsere Entwicklung und unsere Freiheit."[2] Eine solche

Reaktion steht uns offen, wenn wir in der Lage sind, eine Situation mit den Gedanken und Gefühlen, die gerade hochkommen, gleichsam von außen zu beobachten. Diese Kunst zu entwickeln, ist eine der großen Aufgaben der Potenzialarbeit. Das Bewusstsein ist also das Werkzeug, um uns gezielt und in die Tiefe gehend mit einzelnen Potenzialen zu beschäftigen. Sei es in einer mehr analytischen Form des Nachdenkens und Unterscheidens, sei es in einer mehr intuitiven Form des Sich-Einfühlens und der Meditation oder in der Form des Sich-Verbindens, um energetische Impulse auszulösen. Im Abschnitt 4.3 werden diese verschiedenen Aspekte des Bewusstseins ausführlich behandelt.

Die Gefühle

Gefühle spielen eine wichtige Rolle im Potenzialgeschehen. Sie sind es, die uns die Energien unserer Potenziale erfahren lassen. Sie lassen uns erleben, ob eine Aktivität ,erfolgreich' war oder nicht. Die Gefühle sind unser Bewertungssystem. Sie geben den Impuls, anhand dessen wir eine erlebte Situation bewerten. Unser gesamtes Erleben findet in der Orchestrierung durch die Potenziale der Charaktermerkmale statt und wird mit positiven oder negativen Gefühlen bewertet, ob es sich nun um Zuversicht, Treue oder Gelassenheit handelt, um Wut, Ärger oder Hochmut, um nur einige aufzuzählen. Gefühle fließen bei allen Aktivitäten in unsere Erinnerung mit ein. Diese prägt sich uns umso stärker ein, je stärker das erlebte Gefühl war. Die erlebten Gefühle beeinflussen unsere späteren Entscheidungen in einem hohen Maß, ohne dass uns das bewusst wäre. Gefühle machen sich durch ihre spezifische Qualität und durch die Energie bemerkbar, die sie bei uns auslösen. Ihre Energie wirkt auf den ganzen Organismus und mobilisiert körperliche Aktivitäten, in der Form von Muskelbewegungen, aber auch durch die Ausschüttung von Hormonen. Wenn wir Gefühle zulassen, bleiben wir im Fluss, im Zustand der Kohärenz. Wenn wir unangenehme Gefühle abwehren, oder angenehme Gefühle festzuhalten versuchen, kann die Energie, die von den Gefühlen ausgelöst wurde, nicht fließen. Sie bleibt gestaut, bis der Energiestau aufgelöst wird. Eine Empfehlung aus Sicht der Potenzialarbeit, aber natürlich nicht nur dieser, ist daher, Gefühle – egal ob positiv oder negativ – zuzulassen, wann immer das möglich ist.

Wir rufen Gefühle nicht bewusst auf, sie entstehen in Reaktion auf unser Erleben. Oft bleiben sie unbewusst, vor allem dann, wenn es sich um eine konstante, gewohnte Gefühlslage handelt. Veränderungen unserer Gefühlslage nehmen wir eher wahr, können aber auch da nicht immer die Ursache für die Veränderung zuordnen. Wenn wir achtsam sind und die Gefühle nicht überwältigend, können wir unsere Reaktionen auf sie bewusst steuern. Wenn wir jedoch durch traumatische Erlebnisse belastet sind, sollten wir uns den damit verbundenen Gefühlen nicht auf eigene Faust annähern. Psychotherapeutische Hilfe ist dann die bessere Wahl.

Die Gefühle spielen somit eine wichtige Rolle in der Potenzialarbeit, obwohl sie nicht ihr Gegenstand sind. Dabei nehmen sie durch die Potenzialarbeit selbst eine Entwicklung, einfach indem wir lernen, sie wahrzunehmen und zuzulassen. Über den freieren Umgang mit unseren Gefühlen kommen wir auch zu einer besseren Intuition, dem Führungsinstrument unserer Geistigkeit. Dass wir damit auch eine Einseitigkeit unserer verstandesgesteuerten Gesellschaft ausgleichen können, hat Einstein sehr schön auf den Begriff gebracht: „Der intuitive Geist ist ein heiliges Geschenk und der rationale Geist ein treuer Diener. Wir haben eine Gesellschaft erschaffen, die den Diener ehrt und das Geschenk vergessen hat."[3]

1.3 Funktion und Arbeitsweise der geistigen Potenziale

Bevor wir mit unseren Potenzialen zu arbeiten beginnen, sollten wir ihre Funktionsweise und unser Zusammenspiel mit ihnen verstehen. Wir sollten auch eine Vorstellung davon haben, was Potenzialentwicklung bedeutet. Ich möchte im Folgenden anhand des verfügbaren Wissens und aus meiner eigenen Erfahrung mit der Potenzialarbeit zunächst einen groben Überblick über Funktion, Arbeitsweise und Aufgabe der geistigen Potenziale geben.

Das gemeinsame Prinzip aller Potenziale ist, dass ihre Informationen bei uns Wirkungen erzeugen.

In dem Fall, mit dem wir uns hier eingehender beschäftigen, sind es die Informationen der Bedürfnisse und der Charaktermerkmale. Die Informationen, die wir aufnehmen, können in ganz unterschiedlicher Form bei uns ankommen: als Intuition, als Bild, als Gedanke, als Erinnerung oder als Gefühl. Die Informationen lösen über die Gefühle in uns auch einen energetischen Impuls aus. Wir reagieren sowohl auf die Information, wie auf den energetischen Impuls. Ich denke, das kennen wir alle. Das sind ganz natürliche, alltägliche Vorgänge, nur dass wir dabei nicht daran denken, dass sie von geistigen Potenzialen ausgelöst werden.

Zu den Informationen der Potenziale gehören auch die Erinnerungen an die Erfahrungen, die wir mit ihnen gemacht haben, angereichert um die Gefühle, die dabei aufgetreten sind. Diese Erinnerungen werden bei der nächsten Aktivierung eines Potenzials in bewusster oder unbewusster Form mit aufgerufen und beeinflussen unsere Reaktionen. Wir schaffen so unsere persönliche Version der Potenziale, den Stand, über den wir verfügen können. Wenn wir hier nochmals das Beispiel des Charaktermerkmals *Erwartungshaltung* nehmen, gibt es zwischen den beiden polaren Eckwerten Urvertrauen und Angst im Informationsfeld des Potenzials beliebig viele Abstufungen. Wir nutzen immer nur einen Ausschnitt aus der Gesamtheit des Potenzials, nämlich den, den wir für uns aktiviert haben und der unserer Lebenswirklichkeit entspricht. Das kann näher am Urvertrauen oder näher an der Angst liegen. Mit zunehmender Lebenserfahrung wird der Ausschnitt größer werden, aber nie die Gesamtheit des Potenzials ausmachen.

Die Energie, die sich aus den Informationen eines Potenzials aufbaut, kann ganz unterschiedlich sein, vor allem von unterschiedlicher Qualität und Stärke: von überschäumender Freude, Glück bis zu Angst und Bedrohung. Aus den Berichten spiritueller Menschen, aber auch aus Berichten über Nahtoderlebnisse, aus Berichten über kreative Durchbrüche oder aus Erlebnissen künstlerischen Gelingens wissen wir, dass Potenziale in uns Energien freisetzen können, die so stark und großartig sind, dass sich für diejenigen, die sie erfahren haben, ihre Einstellung zum Leben von Grund auf ändert und sie immer versuchen werden, diese Erfahrungen zu wiederholen. Solche Erfahrungen werden uns zuteil, wenn wir mit unseren Potenzialen in einer hohen Intensität verbunden sind, in für uns existenziell bedeutenden Situationen. Das ist nicht nur in nüchterner energetischer Sicht so, das sagen mit anderen Worten auch die alten Tugendlehren, das Christentum oder der Yoga. Das Christentum bringt es etwa in seinem Hohelied der Liebe zum Ausdruck: „Wenn ich mit Menschen- und mit Engelszungen redete und hätte die Liebe nicht, so wäre ich ein tönendes Erz oder eine klingende Schelle." Im Yoga spricht man dann von der Erfahrung des Einsseins mit dem höchsten Selbst, dem Samadhi.

Die Wirkungen der Potenziale und die Energien, die sie auslösen, bleiben nicht auf unsere Gedanken und Gefühle beschränkt. Sie beziehen den ganzen Körper mit ein. Das spüren wir beispielsweise daran, wie uns Glückserleben vitalisiert, das wir aus der positiven Rückmeldung unserer Potenziale erfahren. Die Einbeziehung des ganzen Körpers ist auch der Grund, dass wir die Energien der Potenziale über kinesiologische Verfahren messen können. Die Informationen und die Energien, die im Zusammenhang mit unseren Potenzialen auftreten, sind sehr gut in unser Wahrnehmungs- und Belohnungssystem integriert. Wir erhalten Glückshormone gleichsam als Empfangsbestätigung für das erfolgreiche Wirken unserer Potenziale. Sie sind allerdings auch in unser Abwehrsystem eingebaut. Wir erfahren Adrenalinstöße, wenn wir uns in einer Konflikt- oder Gefahrensituationen befinden.

Die Potenziale scheinen uns im Übrigen so zu beeinflussen, als ob der göttliche Plan bzw. der Plan einer höheren Intelligenz Leistungen fördern möchte, die wichtig sind für den Fortbestand und die Weiterentwicklung unserer Art. Denn die höchsten und schönsten Gratifikationen erhalten wir für Liebe und für Leistungen, die wir mit großer Mühe erbracht haben. Freilich haben manche Menschen auch Hochgefühle, wenn sie jemanden überreden konnten oder wenn ihnen eine Täuschung gut gelungen ist. Solche Hochgefühle entstehen, wenn wir uns auf der Ebene des Reptiliengehirns bewegen (s. dazu Anhang 1). Das soll jetzt diese Ebene nicht schlechtmachen, sondern nur verdeutlichen, dass nicht jede Art von Hochgefühl Ausdruck hoher menschlicher Entwicklung ist. Dass die Ebene des Reptiliengehirns in Harmonie ist, ist zwar wichtig, um uns die existenzielle Sicherheit für eine gedeihliche Entwicklung zu geben, sie sollte aber nicht der Maßstab für sie sein.

Die große Frage: Wie haben wir Zugang zu den Potenzialen?

Wir haben Zugang durch das Bewusstsein. Das bestätigt unsere Alltagserfahrung. Wir haben ununterbrochen Kontakt zu unseren Potenzialen. Allerdings meist nicht bewusst; fast immer reagieren wir automatisch auf das, was wir gerade erleben. Wir nehmen Potenziale mit aktuell hoher Energie bewusst wahr, z. B. wenn wir Angst haben. In fordernden Situationen nehmen wir auch gezielt Kontakt auf mit bestimmten Charaktereigenschaften: Wir machen uns Mut. Das bedarf allerdings einer bewussten Ausrichtung und eines Willensimpulses. Die Energie von Potenzialen kann uns auch von dritter Seite zufließen: Wir erfahren Aufmunterung.

Ähnlich ist es mit den Erinnerungen, die sich auf Potenziale beziehen. Wir erinnern uns – um im Beispiel zu bleiben – an vergangene Situationen, die mit Angst zu tun hatten und in denen wir Mut gebraucht haben und es fällt uns ein, wie wir in diesen Fällen reagiert haben. Im Alltag haben wir aber nur Zugang zu den Inhalten des Wachbewusstseins. Wenn wir uns in Ruhe hinsetzen und über einen aktuellen Vorfall nachdenken oder meditieren, schaffen wir es, auch zu unbewussten geistigen Inhalten Zugang zu finden. Das ist in tiefer Entspannung – im Zustand der Kohärenz – möglich. Wir erinnern uns an Vorgänge, die weit zurückliegen oder die wir bisher nicht mit einem aktuellen Vorfall in Beziehung gebracht haben. Sind wir nicht nur tief entspannt, sondern auch fokussiert, d. h. auf bestimmte Inhalte ausgerichtet, können wir – wenn auch nur in seltenen Glücksfällen – Zugang zu uns vorher völlig unbekannten Informationen zu bestimmten Themen erhalten. Viele Forscher erklären ihre kreativen Durchbrüche auf diese Art und berichten übereinstimmend, dass sie ihre neuen Erkenntnisse gefunden, nicht erdacht haben. Friedrich-August von Kekulé erfuhr beispielsweise seine bahnbrechende Idee des Benzolrings in einem Tagtraum. C. G. Jung spricht hier vom kollektiven Unbewussten, wir sprechen in diesem Zusammenhang von kosmischen Potenzialfeldern.

Es bedarf also einer besonderen Qualität des Bewusstseins, um aktiv und gezielt Zugang zu den Potenzialen zu finden. Wie wir uns diesen Zugang verschaffen können, wird im Abschnitt 4.3 näher ausgeführt, wo es um die Methoden und Techniken der Potenzialarbeit geht.

Die nächste Frage: Wo können wir die geistigen Potenziale bei uns verorten?

Stecken sie im Gehirn? Es handelt sich schließlich um geistige Einheiten, die uns dauerhaft begleiten und großen Einfluss auf uns haben. Nun, messtechnisch lokalisiert wurden sie dort bisher nicht. Deshalb sind Annahmen darüber spekulativ. Es scheint aber ohnehin fraglich, ob Potenziale im Gehirn zu finden sein werden. Wir haben auf jeden Fall Zugang zu Potenzialinformationen, die sich nicht in unserem Gehirn befinden können. Das zeigen die Beispiele der Anthropologie über die Universalität unserer Charaktermerkmale oder diejenigen zu den Savants oder den Frühbegabungen, die intuitiv Zugang zu ausgewählten Wissensbereichen haben. Ähnliche Überlegungen gelten aber auch für andere Potenzialbereiche mit weltweiter Geltung, so beispielsweise für Religionen oder spirituelle Systeme wie Yoga und Buddhismus, zu deren Inhalten wir wie selbstverständlich Zugang haben. Auch wenn wir mit anderen Menschen telepathisch über Gedanken oder Gefühle kommunizieren – was übrigens auch mit Haustieren funktioniert, wie der Biologe Rupert Sheldrake gezeigt hat –, ist unser Bewusstsein beteiligt. Diese Kommunikation muss sich über ein Medium vermitteln, das sich nicht in unserem Gehirn befindet.

Das Gehirn ist allerdings insofern beteiligt, als dass die Informationen der Potenziale vom Gehirn gedanklich und durch Gefühle aufgenommen und verarbeitet werden. Das wurde – wie wir in Abschnitt 1.1 gesehen haben – vom Neurowissenschaftler Richard Davidson durch Messung nachgewiesen. Er hat im Rahmen seiner Forschungsarbeiten festgestellt, dass bestimmte Formen der buddhistischen Meditation das Glückszentrum des präfrontalen Cortex im Gehirn dauerhaft aktivieren. Umso stärker, je länger und intensiver die Meditationspraxis war. Und die Potenzialfelder der buddhistischen Meditation werden wir sicher nicht im Gehirn einzelner Menschen vermuten.

Das Gehirn spielt also eine wesentliche Rolle als das Organ, das die aufgenommene Information der Potenziale in Sprache oder Bilder überträgt. Für diese Art der Umsetzung im Gehirn gelten, wie wir wissen, quantenphysikalische Prinzipien. Von diesen wiederum wissen wir, dass ihre spezifischen Funktionen, z. B. die Verschränkung, voraussetzen, dass die Einheiten, in denen diese Phänomene ablaufen, in kohärentem Zustand sind. Gerade die Verschränkung ist übrigens ein ernsthafter Kandidat dafür, den Informationsaustausch zwischen verschiedenen Potenzialträgern zu erklären (s.a. Anhang 1). Wir können also davon ausgehen, dass Potenzialinhalte dann am besten abgerufen werden, wenn wir uns in einem (möglichst) kohärenten Zustand befinden. Das bestätigt die Praxis der Meditation. Es ist ja eines der Hauptziele der Meditation, nach Abschalten der störenden Außenreize in einen kohärenten inneren Zustand zu gelangen. Und es ist wohl tatsächlich so, dass die Meditation der direkte Weg zur Kontaktaufnahme mit unseren geistigen Potenzialen ist.

Und schließlich: Wie steuern uns die geistigen Potenziale?

Wir haben weiter vorne festgestellt, dass die Potenziale unsere Navigationsinstrumente sind. Die über sie vermittelten Gefühle steuern uns mit positiven oder negativen Rückmeldungen. Im positiven Fall vermitteln sie uns starke Energien: Freude, Glück, Zufriedenheit. Die positiven Gefühle zeigen uns an, dass alles gut läuft. Ganz allgemein kann man sagen, dass die starken Ausprägungen unserer Potenziale: Liebe, Begeisterung, selbstbestimmte Arbeit, Kunstausübung, Sport etc. uns Energie geben und uns dabei mit unserem Lebenssinn verbinden. Wir wenden uns bevorzugt den Potenzialen zu, mit denen uns angenehme Gefühle und positive Erinnerungen verbinden.

Negative Gefühle versetzen uns in Angriffs- oder Verteidigungshaltung und verursachen Stress. Das geschieht z. B. in Situationen, die uns überfordern oder durch vergangene Erlebnisse angstvoll besetzt sind. Unser Potenzialerleben kann sich dann nicht voll entfalten, die Energie kann im Körper nicht fließen. Sie wird gestaut, um möglichst vollständig für Angriffs- oder Verteidigungsaktivitäten bereitgestellt zu werden.

Die Bedürfnisse als unsere Motivatoren steuern uns meist in Form von Wünschen. Sie vermitteln uns durch Bereitstellung von Glück spendenden oder Leid bringenden Gefühlen, also durch positive oder negative Rückmeldung, ob es uns gelungen ist, sie zu erfüllen. Genauso unsere Charaktereigenschaften: Sie steuern, auf welche Art wir unsere Aktivitäten durchführen, wie wir mit unseren Mitmenschen umgehen, oder wie wir auf Situationen reagieren, in die wir gestellt werden. Sie sorgen durch Bereitstellung von Handlungsmustern, Einstellungen und mit Gefühlen verbundenen Energien dafür, dass wir bei der Erreichung unserer Ziele im täglichen Leben vorankommen bzw. dass wir angemessen reagieren, wenn dabei Hindernisse auftauchen. Es sind im Übrigen nicht nur unsere Wünsche, die uns aktiv werden lassen. Wir werden auch durch Anstoß von außen aktiv, auf Einladung oder durch Aufforderung. Das bringt zusätzliche Charaktermerkmale ins Spiel, nämlich diejenigen, die wir in Reaktion auf einen Anstoß von außen mobilisieren: Kooperationsbereitschaft, vielleicht auch Zögern oder Abwehr.

Wie wir uns den Ablauf der Aktivierung von Potenzialen vorstellen können, sei an einem Beispiel dargestellt: Wir entscheiden uns, einen bestimmten Film anzusehen. Damit erfüllen wir uns einen Wunsch, der aus dem Bedürfnis nach Entspannung und Unterhaltung kommt. Bereits in der Entscheidung zum Filmbesuch werden unterschiedliche Potenziale – Charaktermerkmale – angesprochen. Als unmittelbare Impulsreaktion wird Begeisterung und Vorfreude entstehen, wir werden die Initiative ergreifen und den Kinobesuch vorbereiten, wir werden zuversichtlich sein, dass wir Karten bekommen und dass uns der Film gefällt, wir werden unseren Realismus aktiviert haben, ob wir auch die Zeit für den Kinobesuch erübrigen können. Die Erinnerungen an das Geschehen werden wir mit den zugehörigen Gefühlen bei unseren Potenzialen mit abspeichern. Sie werden positiv oder negativ ausfallen, je nachdem, wie gut die Vorbereitung des Kinobesuchs geklappt und uns der Film gefallen hat.

Mit unseren Aktivitäten rufen wir also gleichzeitig eine Vielzahl von Potenzialen auf, meist unbewusst. Im Routinefall werden wir unsere ‚Standardversionen' aufrufen, also die, die wir immer aufrufen. Nur wenn wir unsicher sind oder vor einer neuen Situation stehen, werden wir bewusst einzelne Potenziale zu Hilfe rufen, z. b. das Charaktermerkmal der Erwartungshaltung, wenn wir uns einer Person nicht sicher sind; oder das der Konfliktfähigkeit, wenn wir uns mit jemandem nicht einig sind. Auch in Situationen, in denen wir auf Probleme stoßen, aktivieren wir Potenziale bewusst: Wir denken nach, schalten ab, meditieren darüber. Dadurch machen wir uns Ausschnitte des Möglichkeitsraums unserer Potenziale zugänglich, die wir nur selten nutzen, die uns vielleicht gar nicht bewusst sind. Das passiert z. b. immer dann, wenn wir neues Wissen oder neue Fähigkeiten erwerben.

Die Intensität einer Erfahrung zeigt an, wie stark wir unsere Potenziale aktivieren können. Das hängt zum einen davon ab, wie gut ein bestimmtes Potenzial bei uns durch Anlage und Übung entwickelt ist. Zum anderen kommt es ganz wesentlich darauf an, dass Potenziale ihre volle Energie entfalten können. Das ist dann der Fall, wenn wir uns voll auf sie einlassen können und zu einem mühelosen Handlungsablauf gelangen, wenn wir im *Flow* sind, wie es der Psychologe M. Csikszentmihalyi genannt hat. Die Energie kann dann in uns fließen und sich auf einen höheren, besser geordneten Energiezustand zu bewegen.

Der eigentliche Steuermann für unsere Potenziale ist das Bewusstsein. Das Bewusstsein ist die Instanz, die unsere Gefühle wahrnimmt und daraus Reaktionen ableitet. Das geschieht in unterschiedlichen Abstufungen der Bewusstheit. Im Alltag handeln wir meist unbewusst mit unseren gewohnten Mustern und Einstellungen.

Um bewusst und frei von den gewohnten Mustern reagieren zu können, brauchen wir einen Bezugspunkt außerhalb unserer gewohnten Gedanken- und Gefühlswelt, den Beobachter in uns. Der Beobachter kann sowohl die Reaktionen unserer Gefühle auf die Geschehnisse in und um uns wahrnehmen und auf sie reagieren, als auch die Gefühle, die sich aus unseren Aktivitäten ergeben. Es ist auch das Bewusstsein, das die Entscheidung trifft, wie wir in einer Situation reagieren und was wir damit in die Manifestation bringen (s. dazu Abschnitt 4.3).

Das chinesische Sprichwort zeigt sehr schön den Stellenwert des Bewusstseins für die Steuerung unserer Potenziale: „Achte auf Deine Gedanken, denn sie werden zu Worten. Achte auf Deine Worte, denn sie werden zu Handlungen. Achte auf Deine Handlungen, denn sie werden zu Gewohnheiten. Achte auf Deine Gewohnheiten, denn sie werden Dein Charakter. Achte auf Deinen Charakter, denn er wird Dein Schicksal.“ Hinzuzufügen wäre, dass wir zuallererst auf unsere Gefühle achten sollten. Denn diese führen zu den Gedanken.

1.4 Die Entwicklung unserer Potenziale

Im letzten Abschnitt haben wir Vorstellungen zur Arbeitsweise unserer Potenziale entwickelt. Für das Vorhaben, unsere Potenziale zu entwickeln, stellt sich zunächst die Frage, wie sich Potenziale ohne unser bewusstes Zutun entwickeln. Können wir dabei bestimmte Regeln oder Prinzipien erkennen? Ist die Entwicklung von vornherein festgelegt? Welchen Einfluss haben wir darauf? Eine wichtige Voraussetzung für Entwicklung haben wir bereits kennengelernt: Potenziale verfügen über eine Gedächtnisfunktion, sie sind also ‚lernfähig‘. Wie sich unsere Potenziale entwickeln, wenn wir heranwachsen, sei nun näher beleuchtet.

Welchen Einfluss hat die Erziehung auf unsere Potenziale?

Wir kommen mit einer Grundausstattung an Potenzialen ins Leben, mit unseren ererbten Anlagen. Unter der Anleitung unserer Bezugspersonen entwickeln wir unsere Potenziale weiter; wir lernen, machen Erfahrungen. Als Kinder sind wir auf unsere

Bezugspersonen angewiesen. Wir lernen am lebenden Beispiel. Um den Kern unserer Anlagen herum entwickeln wir in Reaktion auf Erziehung und Umfeld neue Einstellungen, Gewohnheiten und Muster. Damit reagieren wir auf die Anforderungen, die unsere Bezugspersonen an uns stellen bzw. auf die wir in unserer Umwelt treffen. In diesem Lernprozess entwickeln oder verstärken wir diejenigen Muster, mit denen wir ‚Erfolg‘ haben, den wir daran ablesen, dass wir von unseren Bezugspersonen Aufmerksamkeit und Zuwendung erhalten. Diese Einstellungen und Muster übernehmen wir dauerhaft und in einer starken Prägung, die sich aus dem engen Miteinander mit unseren Bezugspersonen ergibt. Allerdings fehlt uns meist die Erinnerung an diese frühkindliche Prägung. Diese Prägung kann nachteilige Folgen für die kindliche Entwicklung haben, wenn Muster übernommen bzw. in Reaktion entwickelt werden, die nicht mit den eigenen Anlagen harmonieren. Früher entstanden dabei vor allem Muster, die sich in Reaktion auf autoritäre Erziehung gebildet haben, heute sind es eher Muster, die einen verwöhnend-manipulativen oder überfordernden Erziehungsstil spiegeln. Das Erziehungsmodell der Kleinfamilie, bei dem die Einstellungen der Kinder von ganz wenigen Personen geprägt werden, trägt dazu bei, solche Wirkungen zu verstärken. Wie das afrikanische Sprichwort sagt, braucht es ein ganzes Dorf, um ein Kind zu erziehen.

Der Psychoanalytiker Hans-Joachim Maaz hat diese Problematik in seinem Buch *Das falsche Leben* sehr überzeugend nachgezeichnet. Er fasst die durch die frühkindliche Erziehung entstandenen Erziehungsmuster unter dem Begriff des *Falschen Selbst*‘ nach sieben Typen zusammen. War die Erziehung streng, entsteht das gehemmte Selbst. War sie von Gewalt bestimmt, entsteht das bedrohte Selbst. Fehlte die Zuwendung, entsteht das ungeliebte oder das vernachlässigte Selbst. Wurden an das Kind zu hohe oder ihm fremde Anforderungen gestellt, entwickelt es das überforderte Selbst. Wurde das Kind emotional manipuliert oder bekam es Zuwendung nur, wenn es bestimmte Aufgaben erfüllte, entsteht das gequälte bzw. das abhängige Selbst. Die Liste wäre zu ergänzen um das verwöhnte Selbst, das in der

Systematik von Maaz fehlt. Dieses findet vor allem in unseren westlichen Landesteilen Verbreitung und zeichnet sich dadurch aus, dass Menschen mit dieser Art des falschen Selbst nicht darauf vorbereitet wurden, sich auftretenden Schwierigkeiten zu stellen und Verantwortung zu übernehmen. Wie es bei allen erworbenen Mustern der Fall ist, bleiben auch die Erziehungsmuster des falschen Selbst erhalten. Wir aktivieren sie meist in der Form einer überstarken, einseitigen, oft emotionalen Reaktion. Die durch diese Reaktion entstehende Energie kann man Störenergie nennen, da sie zu einer Störung des Ablaufs unserer Aktivitäten führt, durch Stress, Angst oder andere negative Emotionen.

Im Alltag macht sich Störenergie dadurch bemerkbar, dass wir Situationen falsch einschätzen. Im Fall des abhängigen Selbst wäre das etwa die vorschnelle Bereitschaft, sich zu melden, wenn eine Aufgabe vergeben wird, ohne zu überlegen, ob man sich damit zu großen Stress einhandelt und ob für diese Aufgabe nicht andere eher infrage kämen. Dabei bauen wir bereits in der Entscheidung – vielleicht unmerklich – Druck auf. In der Folge kann sich Stress wegen einer möglichen Überlastung oder Enttäuschung entwickeln, dass „schon wieder alles an mir hängen bleibt".

Störenergien sind ein wichtiger Grund dafür, dass wir unsere geistigen Potenziale nicht ausschöpfen. Die Störung der inneren Kohärenz führt dazu, dass wir angespannt und nicht im Vollbesitz unserer Wahrnehmungs-, Denk- oder Handlungsfähigkeit sind.

Maaz ist jedenfalls in seiner Feststellung zuzustimmen, dass wir alle ein falsches Selbst haben. Das kann mehr oder weniger stark ausgebildet sein. Es wird in aller Regel aus mehreren der oben angeführten Teiltypen zusammengesetzt und um charakterliche Prägungen ganz anderer Art ergänzt sein. Es ist deshalb auch kaum möglich, den verschiedenen Formen des falschen Selbst bestimmte Potenziale – Charaktermerkmale – als Störenergie direkt zuzuordnen. Um hier ein Beispiel zu geben: Eine Person mit bedrohtem falschem Selbst kann entweder mit der Störenergie des Verschlossenseins, mit einer größeren Verletzlichkeit, einer ausgeprägten Streitsucht oder mit Wut und Zorn reagieren, unter Umständen auch mit allen vier Formen.

Mit Sicherheit kann man aber sagen, dass die frühkindliche Erziehung einen prägenden Einfluss auf die Entwicklung unserer Potenziale hat, einen Einfluss, der uns nicht bewusst ist.

Über den Umgang mit unseren Schwächen

Wir beschäftigen uns ungern mit unseren Störenergien. Ich spreche da aus eigener Erfahrung. Wir beschäftigen uns überhaupt ungern mit unseren Schwächen. Das hat damit zu tun, dass es meist unangenehm, ja leidvoll ist. Es hat aber auch damit zu tun, dass unserer Gesellschaft die Perspektive der Charakterentwicklung abhandengekommen ist. Das lässt eine Beschäftigung mit Schwächen als nicht sinnvoll erscheinen. Für das Potenzialgeschehen kommt aber gerade unseren Schwächen eine enorme Bedeutung zu. Wenn wir von ihnen im Alltag berührt werden, stören sie unsere innere Ruhe und lassen uns nicht so reagieren, wie es in einer gegebenen Situation wünschenswert wäre. Von daher macht es Sinn, dass wir uns ihnen in der Potenzialarbeit zuerst zuwenden. Wenn wir uns ihnen öffnen, spüren wir auch die Energie, die in ihnen eingeschlossen ist und befreit werden möchte. Sie sind sozusagen die Unruhe, die uns antreibt. Wenn es uns gelingt, den Grund für diese Unruhe zu finden und sie in eine stärkende Energie umzuwandeln, machen wir sie zum Motor unserer Entwicklung. Wir scheinen diese Unruhe zu brauchen. Würden wir an Entwicklung und Verwirklichung denken, wenn wir unseren Seelenfrieden gefunden hätten? Eher nicht. Leider ist es nicht ganz so einfach, in unseren Schwächen den Motor für unsere Entwicklung zu sehen.

Außer in den erziehungsbedingten Störenergien sind unsere Schwächen in einzelnen unserer Anlagen zu finden, die wir teils ins Leben mitgebracht, teils im Leben erworben haben. Eine davon ist häufig in der sogenannten *Kernschwäche* unseres Enneagrammtyps zu finden (s. dazu Anhang 2). Sie stellt unsere Motivation in der unerlösten Form dar, unseren Schatten. Das ergibt

40

sich daraus, dass jeder Enneagramm-Typ ein dominierendes Prinzip hat, nach dem er versucht, die Welt zu verstehen und sich in ihr zu behaupten. Aus dieser Orientierung entsteht zwangsläufig Einseitigkeit, die zur Schwäche wird, da sich aus einer solchen verengten Sicht die Probleme des Alltags nicht gut lösen lassen. Das führt zu einer schwachen Ausprägung des Charaktermerkmals, das das dominierende Prinzip dieses Typs repräsentiert.

Das möchte ich an einem persönlichen Beispiel deutlich machen. Als Vertreter des Enneagramm-Typs Acht liegt meine Kernschwäche in der fehlenden Achtung, der schwachen Ausprägung des Charaktermerkmals 31. Sie äußert sich in mangelndem Respekt und Übergriffigkeit und hat meinen Mitmenschen und mir selbst schon viel Kummer bereitet. Entwicklung von Charaktermerkmalen bedeutet nun, schwache in starke Ausprägungen eines Charaktermerkmals umzuwandeln, in diesem Fall mangelnden Respekt und Übergriffigkeit in Respekt und Barmherzigkeit. Die Einsicht in die Notwendigkeit für diese Umwandlung wird uns als ‚gelernter‘ Acht aber fehlen, da wir mit der schwachen Ausprägung der Achtung groß geworden sind und uns an sie gewöhnt haben. Es ist ja oft ganz praktisch, wenn es beispielsweise gelingt, eine unangenehme Diskussion durch eine energische Intervention abzukürzen. Wobei diese Intervention auch misslingen und zu einer erhitzten Diskussion führen kann. Nicht zu reden von den Folgen für das persönliche Verhältnis zu der Person, der gegenüber wir übergriffig geworden sind. Barmherzigkeit als Verhaltensmöglichkeit würde uns als Acht aber nicht unbedingt in den Sinn kommen, uns vielleicht sogar abschrecken, da wir sie als Schwäche sehen würden, die wir uns nicht zugestehen. Umgekehrt wäre es natürlich auch keine Stärkung, wenn wir in Erkenntnis unserer Übergriffigkeit allem und jedem zustimmten. Die Lösung kann nur darin liegen, dass wir in der Sache klar bleiben und den Respekt vor der anderen Person bewahren. Nur so ist es möglich, eine stärkende Umwandlung zustande zu bringen und keine neue Störenergie zu erzeugen. Wenn wir verstanden haben, dass wir nicht nur unserem Umfeld etwas Gutes tun, wenn wir Barmherzigkeit üben, sondern auch uns selbst und unserer Entwicklung, wird es im Grunde einfach.

Die gute Nachricht ist also: Da wir diejenigen sind, die die Störenergie durch unsere eigenen ‚Störprogramme' formen, können wir diese Programme auch ändern. Das sehen wir an den Beispielen der praktischen Anwendung in Abschnitt 4.2.2.

Wie entwickeln sich unsere Potenziale nach der Kindheit?

Die Entwicklung der Potenziale setzt sich in Schule, Beruf und Familie fort. Wir lernen, bilden uns weiter, machen Erfahrungen, erleben Erfolge und Enttäuschungen. Das alles findet seinen Niederschlag in unseren Potenzialen. Im Alltag werden unsere Einstellungen und Muster verstärkt, ggf. um neue ergänzt und erweitert. Entwicklung bedeutet in dieser Lebensphase, den Möglichkeitsbereich von Potenzialen zu vergrößern und neues Wissen, neue Fähigkeiten oder neue Reaktionsmöglichkeiten zu erwerben, indem wir uns etwa neu mit klassischer Musik beschäftigen, eine Fremdsprache lernen oder uns einer neuen Sportart zuwenden. Wir stehen dabei immer in einem Spannungsfeld von eigenen Zielsetzungen und Wünschen und den Anforderungen aus dem sozialen Umfeld oder aus gesellschaftlichen Leitbildern. Das Prinzip, nach dem sich unsere Potenziale entwickeln, ist das gleiche wie in der Kindheit, nur dass wir jetzt Vorstellungen und Muster aus einem größeren Kreis übernehmen. Und anders als in der Kindheit ist uns nun eher bewusst, wenn wir neue Vorstellungen und Muster übernehmen. Entwicklung wird auch beinhalten, dass wir uns mit bestimmten Potenzialen auseinandersetzen, um vorhandene Schwächen oder Mängel auszugleichen. Das kann z. B. bedeuten, dass wir am Abstellen unserer Unpünktlichkeit arbeiten oder dass wir an einem Seminar zur nondirektiven Kommunikation teilnehmen.

Dass wir immer versucht sein werden, unsere Potenziale zu optimieren, hat mit unserem Bedürfnis nach Verwirklichung zu tun. Wenn wir uns dabei vor allem an unserem Umfeld orientieren, fehlt uns allerdings der Blick darauf, was in unseren Potenzialen eigentlich angelegt ist und entwickelt werden will. Genau diese Frage sollte uns aber bei der Potenzialentwicklung leiten. Sie stellt sich im Übrigen besonders an den Übergängen zwischen den Lebensphasen, z. B. dann, wenn wir ins Berufsleben eintreten, oder wenn wir unsere soziale und berufliche Rolle gefunden haben. Aber diese Frage beantwortet sich nicht von selbst. Wir sind geistig so ausgestattet, dass wir als Heranwachsende unsere geistigen Potenziale zunächst nicht kennen. Wir lernen sie erst nach und nach kennen – durch unsere Lebenserfahrung und durch die Reaktionen unseres Umfelds. Nur diejenigen glücklichen Menschen, die über eine besondere Begabung verfügen, stoßen schnell auf wesentliche Teile ihrer geistigen Potenziale. Für die anderen bedeutet es mühsame Kleinarbeit, sich darüber Klarheit zu verschaffen, welche Potenziale vorhanden und welche besonders förderungswürdig sind. Diese Kleinarbeit scheitert vor allem bei komplexeren Fällen, in denen es nicht nur darum geht, einzelne Potenziale zu stärken, sondern auch darum, das geeignete Umfeld für ihre förderliche Entwicklung zu finden oder das Zusammenspiel mehrerer Potenziale harmonisch zu gestalten.

Noch weniger wissen wir von unseren Potenzialen, wenn es um den anderen Aspekt der Potenzialentwicklung geht, dem Auflösen unserer Schwächen. Das gilt für die Störenergien des falschen Selbst ebenso wie für unsere angeborenen oder erworbenen Charakterschwächen, die wir weiter oben thematisiert haben. Ohne die Kenntnis der Potenziale, die unsere Schwächen verursachen, werden wir die Arbeit an unseren Schwächen gar nicht in Erwägung ziehen. Das sei an einem kleinen Beispiel erläutert: Wenn wir pädagogisch begabt sind, aber durch ein überschießendes Temperament unseren Schülern gegenüber der Ungeduld freien Lauf lassen, wird das nicht zu optimalen Ergebnissen führen. Das Bedürfnis, anderen etwas beizubringen, und unser schwach ausgeprägtes Charaktermerkmal der *Zielverfolgung* – manifestiert in zu großer Ungeduld – würden zueinander in Widerspruch stehen. Wenn wir nichts von unserer Schwäche wissen, werden wir ausbleibenden Lernerfolg in der mangelnden Disziplin oder dem fehlenden Willen der Schüler und nicht bei uns suchen.

Die Potenzialarbeit mit dem Ziel, unsere Potenziale – basierend auf unseren Anlagen – in einem weiten Spektrum möglichst harmonisch zu entwickeln, braucht somit mehr als unsere Alltagsintuition und mehr als die Einflüsse unseres Umfelds. Wir brauchen ein Werkzeug, das uns in die Lage versetzt, diejenigen unserer Potenziale zu identifizieren und zu bewerten, die einer weiteren Entwicklung bedürfen.

2 Potenzialarbeit mit dem Pendel

2.1 Unser Körper als Messgerät

Die geistigen Potenziale mobilisieren in unserem Körper Energien. Wenn wir Informationen über diese Energien einholen wollen, liegt es nahe, sie uns über unseren Körper zu beschaffen, zumal der menschliche Körper ein hervorragendes Messinstrument für die unterschiedlichsten Energien ist. Das ist im Übrigen keine ganz neue Erkenntnis. Bereits im 19. Jahrhundert hat der englische Physiologe W. B. Carpenter herausgefunden, dass unser Körper versucht, jede Bewegungswahrnehmung oder -vorstellung – mag sie noch so gering sein – unbewusst nachzuvollziehen (s.a. Wikipedia zu Carpenter-Effekt).

Unser Körper führt mit seinen Sinneswahrnehmungen permanent Energiemessungen durch. Dabei messen die Sinnesorgane elektromagnetische Wellen, Schallwellen oder die Duftmoleküle in unserem Umfeld und geben die Messergebnisse an unser Bewusstsein weiter: Wir sehen, hören, riechen etc. Geht es um die Aufnahme von feineren, geistigen Schwingungen, sind das auch Messvorgänge. Das Bewusstsein richtet sich auf Potenziale aus, der Körper misst die Energie, die von den Potenzialen ausgelöst wird: Wir fühlen oder denken. Es bedarf aber großer Aufmerksamkeit und hoher Sensibilität, um hier wahrnehmen und intuitiv ‚messen‘ zu können, was der energetische Impuls für unsere Potenzialaktivität z. B. in Form von Gefühlen oder Gedanken ist. Die nötige Intuition und das nötige Unterscheidungsvermögen für solche Messungen stehen uns in aller Regel nicht zur Verfügung. Dazu kommt, dass wir zwar mit unserem Wahrnehmungssystem sehr gut darin sind, Unterschiede festzustellen – auch Energieunterschiede –, aber weniger gut darin, diese Unterschiede intuitiv zu bewerten. Wenn wir also die Energie messen wollen, die durch unsere geistigen Potenziale freigesetzt wird, nutzen wir besser unseren Körper als Messgerät. Um die feinen, durch unsere Potenziale ausgelösten Impulse möglichst genau anzuzeigen, brauchen wir allerdings zur Unterstützung Methoden bzw. Geräte, die die Bewegungswahrnehmung anzeigen. Tatsächlich gibt es bewährte Methoden und Techniken, um solche Energien anzuzeigen und zu messen: Pendeln, Kinesiologie, I Ging und andere. Ich möchte im Folgenden das Vorgehen anhand der Pendeltechnik erläutern, mit der ich seit vielen Jahren arbeite. Dass man mit dem Pendel tatsächlich Energien messen kann, auch solche, die von geistigen Potenzialen ausgehen, lässt sich leicht überprüfen. Man muss es nur ausprobieren. Für alle, die sich noch nicht mit dem Pendeln beschäftigt haben, klingt das zunächst fantastisch und ist es auch. Eine Bestätigung durch einen Erfahrungstest ist denkbar einfach zu bewerkstelligen. Wir brauchen nur verschiedene Dinge unserer Lebenswelt zu testen. Etwa die Speisen, die wir zu uns nehmen, auf das Maß ihres Nährwerts, auf ihre Schmackhaftigkeit und ihre Bekömmlichkeit. Wir testen das über die Prozentskala in Anhang 3. Sollten wir kein Pendel zur Hand haben, können wir einen Ring an einem Bindfaden mit ca. 20 cm Länge befestigen und als Pendel verwenden.

Die Ergebnisse sind interessant aus ganz unterschiedlichen Gründen: Zum einen, weil diese Messgrößen eine unterschiedliche Qualität haben. Der Nährwert ist eine objektive physikalische Größe und für uns alle gleich. Schmackhaftigkeit drückt sich als Gefühl aus und Bekömmlichkeit ist eine Größe unseres Stoffwechsels. Die beiden letzteren sind individuelle Größen, sie sagen etwas über uns aus. Bei der Messung macht es freilich keinen Unterschied, ob es sich um persönliche oder allgemeine Werte handelt. Wir messen die Energien, die diese Potenziale in unserem Körper mobilisieren. Zum zweiten können wir durchaus einen Erkenntnisgewinn erzielen, wenn wir die oben genannten Größen für unsere Lieblingsgerichte ermitteln. Bei Nährwert und Schmackhaftigkeit werden wir zwar keine großen Überraschungen erleben, denn das Pendel wird anzeigen, was wir ohnehin wissen. Aber vielleicht stellen wir fest, dass wir bei unserer Speisenwahl etwas mehr auf Bekömmlichkeit achten sollten. Auf jeden Fall bekommen wir ein Gespür dafür, wie das Pendel funktioniert. Auf die gleiche Art messen wir unsere geistigen Potenziale. Wir messen die Energie, die diese Potenziale bei uns mobilisieren können. Wenn wir diese messen, sagt das also etwas darüber aus, wie stark sie bei uns ausgeprägt bzw. entwickelt sind. Wir können aber auch Energie messen, die sich aktuell aus der Aktivierung von Potenzialen ergeben hat, beispielsweise als Energiestau. Er entsteht, wenn wir positive Energie festhalten oder negative, unangenehme Energie abwehren. Dadurch blockieren wir den Energiefluss. Die gestaute Energie bleibt gestaut, nicht wie fließende Energie, die sich in einer natürlichen Wellenbewegung auf- und wieder abbaut.

Ich habe mir übrigens das Pendeln selbst beigebracht und lediglich eine Pendelanleitung zurate gezogen. Es hat auf Anhieb gut funktioniert. Dabei ist mir zugutegekommen, dass ich durch eine vieljährige Meditationspraxis gelernt habe, mich auszurichten, im konkreten Fall auf die Fragen an das Pendel. Die Fähigkeit, das Bewusstsein konzentriert auszurichten, ist sicher die wichtigste Voraussetzung, um gute, das heißt authentische Pendelergebnisse zu erzielen. Fehlt eine solche Erfahrung, sollten wir vielleicht eine kurze Unterweisung durch einen Praktiker des Pendelns suchen. Eine anfängliche Unsicherheit bei der Nutzung des Pendels ist aber ganz normal. Sie wird sich mit zunehmender Erfahrung legen.

2.2 Anwendung des Pendels zum Messen von geistigen Potenzialen

Zuallererst ist das Pendel das Instrument zur Identifizierung und Auswahl von Potenzialen. Haben wir ein Potenzial ausgewählt, können wir die potenzialbezogenen Energien nach unterschiedlichen Aspekten messen, also z. B. auf ihre aktuelle oder ihre mögliche Stärke. Es können auch Vergleiche zwischen den Energien eines Potenzials zu verschiedenen Zeitpunkten angestellt werden, sowie die Energien verschiedener Potenziale miteinander verglichen werden. Den ersten Vergleich werden wir anstellen, um z. B. festzustellen, wie sich die Energie eines Potenzials im Zeitablauf verändert hat, den letzten, um die Energieniveaus verschiedener Potenziale miteinander zu vergleichen. Wir können dann z. b. dem Potenzial mit dem niedrigsten Energieniveau unsere bevorzugte Aufmerksamkeit schenken.

Wir können über das Pendel ganz allgemeine, auf eine Potenzialsituation bezogene Fragen stellen. Beispielsweise Fragen nach dem Kontext, in dem das Potenzial für uns steht, z. B. die nach dem Lebensbereich, der für ein Bedürfnis wichtig ist. Weitere Fragen sind die nach Personen, Ereignissen oder Zeitpunkten, die für eine Potenzialsituation eine Rolle spielen. Das Erspüren solcher Fragen im Rahmen der Potenzialarbeit verlangt Intuition. Oft führt eine Frage zu einer weiteren, an die wir zunächst gar nicht gedacht hatten. Solche Fragen zu finden, ist als kreativer Prozess zu sehen, der Zeit und Übung braucht, um sich zu entwickeln.

Wir setzen das Pendel schließlich ein, um Entscheidungen vorzubereiten: Wir fragen danach, ob eine Aktivität im Rahmen der Potenzialarbeit Erfolg verspricht oder wir wählen aus mehreren Möglichkeiten die geeignetste aus. Dabei ist es natürlich so, dass das Pendel Entscheidungen vorbereitet, aber nicht trifft. Wir behalten immer die Verantwortung. Im Zusammenhang mit Entscheidungen sollten wir beachten, dass das Pendel nicht das spätere Ergebnis misst, sondern die aktuellen Energien, die zu dem späteren Ergebnis beitragen. Um uns bei Entscheidungen abzusichern, können wir zusätzlich zur Entscheidungsfrage (Ja/Nein) auf eine Ergebniswahrscheinlichkeit abfragen.

2.2.1 Die Daten der Potenziale

Die Rohdaten der Potenziale – in unserem Fall die der Bedürfnisse und der Charaktermerkmale – erfassen wir anhand der Checklisten weiter unten. Zusätzlich zu den Fragen der Checklisten können wir weitere Fragen stellen, die der Klärung und dem besseren Verständnis dienen.

In der späteren Bearbeitung werden die Checklistenformulare in Anhang 3 verwendet.

Checkliste der Fragen zu einem Bedürfnis:

- 01 Nummer (Gruppe/Element) und Bezeichnung des Bedürfnisses
- 02 Abfragegrund: Priorität in der Gruppe/anlassbezogen
- 03 Ebene der Maslowschen Bedürfnispyramide/Lebensbereich, der für das Bedürfnis wichtig ist/Aktionsebene (Ebene, auf der dem Bedürfnis nachgegangen werden sollte)
- 04 Stärke des Bedürfnisses in %
- 05 Maß der Erfüllung des Bedürfnisses in % (Iststärke)
- 06 Gibt es äußere Hindernisse, die die Erfüllung des Bedürfnisses beeinträchtigen?
- 07 Sind Fragen der Einstellung zu dem Bedürfnis zu klären?
- 08 Gibt es Lebensziele, die für die Erfüllung des Bedürfnisses günstig bzw. solche, die ungünstig sind?
- 09 Gibt es konkurrierende Bedürfnisse?
- 10 Sind zur besseren Erfüllung des Bedürfnisses Fähigkeiten oder Kenntnisse zu entwickeln?
- 11 Gibt es Störenergie von Charaktermerkmalen?

Erläuterung zu den einzelnen Punkten:

Punkt 01: Hier wird die Nummer der Gruppe des Bedürfnisses und die Nummer des Elements in der Gruppe zusammen mit der Bezeichnung eingetragen.

Punkt 02: Im Abfragegrund wird festgehalten, warum ein Bedürfnis untersucht wird. *Priorität* heißt in diesem Zusammenhang, dass es sich um ein wichtiges Bedürfnis handelt, das im Rahmen einer Bestandsaufnahme untersucht wird. *Anlassbezogen* heißt, dass ein spezieller Grund für die Untersuchung dieses Bedürfnisses vorliegt.

Punkt 03: Ebene der Maslowschen Bedürfnispyramide
01 *Vitale Ebene*/02 *Sicherheit*/03 *Geborgenheit, Zugehörigkeit*/04 *Achtung, Wertschätzung*/05 *Selbstverwirklichung*/06 *Transzendenz* Zusätzlich kann die Frage nach dem Lebensbereich gestellt werden, der für das Bedürfnis wichtig ist und die Frage nach der Aktionsebene, also die Frage danach, in welcher Form dieses Bedürfnis vorzugsweise gelebt werden sollte.

Punkt 04: Die Stärke des Bedürfnisses ist unsere Sollgröße. Wir messen damit auf der Prozentskala, wie stark wir dieses Bedürfnis aktiviert haben, d.h. wie stark es bei uns angelegt ist bzw. inwieweit wir in irgendeiner Form Energie in dieses Bedürfnis investiert haben.

Punkt 05: Mit dem Maß der Erfüllung bringen wir – ebenfalls über die Prozentskala – in Erfahrung, wie weit wir ein Bedürfnis erfüllt haben. Ist die Differenz zur Stärke groß, besteht Anlass, zu überlegen, sich diesem Bedürfnis intensiver oder auf eine andere Art und Weise zuzuwenden.

Punkt 06–11 sind Zusatzfragen, die den Kontext klären helfen, in dem dieses Bedürfnis für uns steht. Ob die Punkte im Zusammenhang mit einem Bedürfnis relevant sind, erfahren wir durch die Abfrage auf J/N.

Ergebnisse zu den Punkten 06 bis 08 und 10 erhalten wir durch Nachdenken, Intuition, eigene Recherchen, Gespräche mit anderen etc. Anschließend prüfen wir mit dem Pendel, ob die Antworten zutreffend sind.

Wird Punkt 09 mit Ja beantwortet, ermitteln wir die Nummer des konkurrierenden Bedürfnisses in der Tabelle. Weitere Daten zu dem konkurrierenden Bedürfnis erfragen wir über die Checkliste.

Wird Punkt 11 mit Ja beantwortet, ermitteln wir die Nummer des Charaktermerkmals mit Störenergie für das Bedürfnis. Die Erfassung weiterer Daten erfolgt über die Checkliste für Charaktermerkmale.

Checkliste der Fragen zu einem Charaktermerkmal:
- 01 Nummer und Bezeichnung des Charaktermerkmals in der Tabelle
- 02 Abfragegrund: aufgrund der Priorität/anlassbezogen/Störenergie/Enneagramm
- 03 Zielstärke des Charaktermerkmals in %
- 04 Iststärke des Charaktermerkmals in %
- 05 Störenergie zum Charaktermerkmal in %
- 06 Charaktermerkmal der Störenergie
- 07 Energiestau zum Charaktermerkmal in %
- 08 Frühkindliche Entstehung der Störenergie J/N
- 09 Gibt es Einfluss durch Bedürfnisse?
- 10 Gibt es andere Einflüsse?

Erläuterung zu den einzelnen Punkten:
Punkt 01: Hier werden Nummer und Bezeichnung des Charaktermerkmals eingetragen.

Punkt 02: Im Abfragegrund wird festgehalten, warum ein Charaktermerkmal näher untersucht wird. *Priorität* heißt, dass es sich um ein wichtiges Charaktermerkmal handelt, das im Rahmen einer Bestandsaufnahme untersucht wird. *Anlassbezogen* heißt, dass ein konkreter Anlass zur Untersuchung des Charaktermerkmals geführt hat. *Störenergie* heißt, dass dieses Charaktermerkmal störend auf ein anderes Charaktermerkmal wirkt. *Enneagramm* bedeutet, dass dieses Charaktermerkmal im Rahmen der Beschäftigung mit dem Enneagramm ausgewählt wurde.

Punkt 03: Mit der Zielstärke stellen wir – über die Prozentskala – das Maß der Energie für ein Charaktermerkmal fest, das wir erreichen können.

Punkt 04: Mit der Iststärke messen wir auf der Prozentskala, wo dieses Charaktermerkmal aktuell zwischen schwacher und starker Ausprägung steht. Aus dem Abgleich mit der Zielstärke können wir ableiten, welches Entwicklungspotenzial für uns in diesem Charaktermerkmal steckt.

Punkt 05: Dabei messen wir technisch gesprochen das Potenzial für Störenergie bei der Aktivierung eines Charaktermerkmals. Das Maß zeigt die Empfindlichkeit für Störungen an. Wir lesen seine Größe auf der Prozentskala ab.

Punkt 06: Hier fragen wir, ob die Störenergie durch ein anderes Charaktermerkmal verursacht wird. Über die Ja-/Nein-Frage erfahren wir, ob dies der Fall ist. Danach fragen wir nach der Nummer des gesuchten Charaktermerkmals in der Tabelle der Charaktereigenschaften.

Punkt 07: Hier messen wir technisch gesprochen den Energiestau, der bei diesem Charaktermerkmal gebildet wurde. Die Stärke der Energie lesen wir auf der Prozentskala ab.

Punkt 08: Hier fragen wir durch Ja/Nein ab, ob die Störenergie auf die frühkindliche Erziehung zurückzuführen ist.

Punkt 09 und 10 sind Zusatzfragen, die den Kontext klären helfen, in dem dieses Charaktermerkmal steht. Ob die Punkte relevant sind, erfahren wir durch die Abfrage auf Ja/Nein.

Zu Punkt 09 fragen wir nach der Nummer des betreffenden Bedürfnisses, das hier beeinflussend ist.

Ergebnisse zu Punkt 10 erhalten wir durch Nachdenken, Intuition, eigene Recherchen, Gespräche mit anderen etc. Anschließend prüfen wir mit dem Pendel, ob von den gefundenen Ergebnissen die vermutete Beeinflussung ausgeht.

Erläuterung zu den Checklisten:

Störenergie:
Die Störenergie spielt eine wichtige Rolle bei der Potenzialarbeit für Charaktermerkmale. Sie entsteht aus unseren persönlichen ‚Zusatzprogrammen‘ zu bestimmten Charaktermerkmalen. Oft sind sie in der frühen Kindheit durch Gewohnheiten entstanden, mit denen wir auf unsere Bezugspersonen reagiert haben (s. dazu Abschnitt 1.4).

Energiestau:
Energiestau entsteht meist aus der Aktivierung einer Störenergie. Sie kann auch aus einer emotional aufgeladenen Situation entstehen, ohne dass Störenergie im Spiel war. Energiestau entsteht, wenn wir versuchen, eine positive Energie festzuhalten oder eine negative Energie abzuwehren. Die gestaute Energie löst sich nicht von selbst auf, sie bleibt als stehende Welle und behindert den Energiefluss. Sie würde sich weiter verstärken, wenn wir erneut Emotionen in die Aktivierung eines Charaktermerkmals einbringen.

Fragen zum Kontext:
Bei den Bedürfnissen wie bei den Charaktermerkmalen können wir nach Ebenen oder Bereichen fragen, die im Zusammenhang mit unserer Abfrage zur Klärung beitragen. So werden wir, wenn wir z.B. das Charaktermerkmal *Einordnung* als wichtiges Potenzial ermittelt haben, danach fragen, welche Ebene der Ordnung angesprochen ist: die kosmische, die familiäre, die ethische, die materielle etc.

2.2.2 Fragetechnik zur Potenzialarbeit

Bei jeder Frage richten wir uns innerlich auf das zu messende Potenzial aus. Dabei halten wir das Pendel je nach Frage über eine der drei Pendeltafeln (s. Anhang 3), eine für die Ja-/Nein-Frage, eine mit Prozentskala und eine mit Zahlenkreis. Das Pendel reagiert dann auf die Frage mit einem Ausschlag und zeigt die gefundene Position auf der Tafel an. Je nach Art der Frage ist die Position Ja oder Nein (ggf. auch neutral), ein Wert auf der Prozentskala oder eine Zahl auf dem Zahlenkreis. Geht es um die Auswahl aus mehreren Möglichkeiten, können wir das Pendel über ein Blatt Papier halten, auf das wir die möglichen Antworten notiert haben. Wir können für die möglichen Antworten auch Zahlen vergeben und die zutreffende Antwort dann über den Zahlenkreis ermitteln.

Bei der Auswahl der Charaktermerkmale verweist die gefundene Zahl direkt auf das gesuchte Element in der Tabelle der Charaktereigenschaften. Ist bei den Bedürfnissen die Gruppe nicht bekannt bzw. gegeben, wird in zwei Stufen gependelt: erst auf die Bedürfnisgruppe, dann auf das einzelne Element innerhalb der Gruppe der Tabelle der Bedürfnisse.

Zu Beginn sollte das Pendel auf die Ja-/Nein-Frage geeicht werden, d. h. es ist im Rahmen einer beliebigen Ja-/Nein-Frage – bei der die Antwort bekannt ist – festzulegen, welche Pendelrichtung für Ja und welche für Nein gilt. Es gibt dafür verschiedene Möglichkeiten. Ich arbeite mit der Einstellung, dass Ja nach 45 Grad links oben zeigt, Nein nach 45 Grad rechts oben. Das ist auch die Einstellung, die die Ja-/Nein-Tabelle im Anhang zeigt. Wenn bei einer Frage weder Ja noch Nein zutrifft, geht das Pendel in die Mitte zwischen Ja und Nein (s. Anhang 3). Das ist dann der Fall, wenn die Frage – mindestens zurzeit – weder positiv, noch negativ entschieden werden kann (z. B. als Antwort auf die Frage: „Ist es hilfreich, wenn ich jetzt ein Stück Kuchen esse?"). Man kann auch das senkrechte Schwingen des Pendels für Ja nehmen, das waagerechte für Nein, oder das linksherum kreisende Schwingen für Ja, das rechtsherum kreisende für Nein. Wenn die Leserin/der Leser über Pendelerfahrung verfügt, ist es sinnvoll, die Einstellung für Ja/Nein zu übernehmen, mit der bisher gearbeitet wurde.

Arten von Fragen an das Pendel:

Ja-/Nein-Frage: Die häufigste Frage wird die Ja-/Nein-Frage sein, um festzustellen, ob etwas zutreffend ist oder nicht. Da die Pendelausschläge für Ja und Nein sehr weit auseinanderliegen bzw. auseinandergehen, kann es kaum zu Fehlern beim Ablesen des Ergebnisses kommen. Wegen ihrer hohen Ergebnissicherheit kann diese Frage auch für Kontrollfragen z. B. zum Nachpendeln auf die Richtigkeit eines ermittelten Werts verwendet werden. Kontrollfragen werden wir stellen, wenn wir ein Ergebnis auf dem Zahlenkreis nicht exakt ablesen konnten oder wenn wir Zweifel am Pendelergebnis haben. Die Ja-/Nein-Frage ist auch für Näherungsfragen geeignet. Näherungsfragen bieten sich an, wenn wir über einen Sachverhalt noch nichts wissen. Wir werden uns dann dem Sachverhalt schrittweise annähern.

Auswahlfrage: Eine zweite Fragenart ist die Auswahlfrage: „Welches Element der Liste/welche Zahl der Tabelle trifft zu?" Diese Frage stellt sich bei jeder Art von Auswahl oder Typisierung, z. B. für die Auswahl des Enneagrammtyps, der eigenen wichtigen Charaktereigenschaften oder Bedürfnisse. Die Frage kann auch negativ gestellt werden: „Welches Elemente der Liste/welche Zahl der Tabelle trifft nicht zu?"

Das Pendel zeigt auf das ausgewählte Element bzw. nacheinander auf mehrere ausgewählte Elemente der von uns erstellten Liste der möglichen Ausprägungen, wahlweise auf eine Zahl, wenn wir für die Vorschläge Zahlen vergeben haben. Bei Typisierungen, bei denen wir die Zahl der möglichen Typen nicht kennen, sollten wir neben den Typen, die wir zur Auswahl vorschlagen, immer einen *Nicht-zutreffend*-Typ mit aufnehmen. Fällt die Wahl auf diesen Typ, sollten wir neue Vorschläge überlegen und das Pendel daraus neu auswählen lassen.

Stärkemessung: Eine dritte Art der Messung ist die nach der Stärke einer bestimmten Energie oder die nach Relevanz, z.B. nach dem Anteil, den eine bestimmte Lösung zu einem Thema beitragen kann. Dazu wird die Pendeltafel mit dem Halbkreisdiagramm von 0 bis 100 als Prozentskala verwendet, wobei 100 für den maximal möglichen Wert dieser Energie bzw. für die maximale Relevanz steht.

Stärkevergleich: Eine vierte Fragenart ist die nach der relativen Stärke bezogen auf eine Vergleichsgröße, also etwa die Stärke der Ausprägung eines Charaktermerkmals im Vergleich zu einem angenommenen Maß (z.B. im Vergleich zu der Größe, die wir für wünschenswert halten oder im Vergleich zur durchschnittlichen Größe in einer Vergleichsgruppe). In diesem Fall werden wir die Prozentskala nehmen und die Mitte, also die 50, als den Basiswert nehmen. Ist der angezeigte Wert größer als 50, ist die relative Stärke über dem Durchschnitt, und zwar in dem Maß, in dem der angezeigte Wert über 50 liegt. Für niedrigere angezeigte Werte gilt spiegelbildlich, dass die Ausprägung schwächer ist als das angenommene Maß bzw. als das der Vergleichsgruppe.

Frage nach Ereignissen: Eine weitere Fragenart ist die nach dem Zeitpunkt des Auftretens bzw. der Dauer des Auftretens eines bestimmten Ereignisses. Dazu kann wieder die Tafel mit dem Zahlenkreis verwendet werden. Eine Frage nach dem Zeitpunkt wäre also: „Vor wie viel Jahren ist das Ereignis X eingetreten?"

Strategische Frage: Bei strategischen Fragen schließlich geht es darum, Prioritäten zu ermitteln oder den Kontext zu einer Frage zu erfassen, also z.B. die Ebene zu finden, die im Zusammenhang mit einer Frage wichtig ist. Bei der Frage nach dem Lebensbereich für ein Bedürfnis sind das etwa die Ebenen Familie, Beruf oder Gemeinschaft. In einem anderen Zusammenhang kann das die Frage nach bestimmten Fähigkeiten oder Kenntnissen sein. Dafür werden wir eine Liste mit den möglichen Antworten erstellen und abfragen. Hier sind Kreativität und Intuition gefragt, um eine Liste mit Beispielen zu erstellen, unter denen auch das Gesuchte ist.

2.2.3 Hinweise zur Handhabung des Pendels

Das Pendeln eröffnet uns die Möglichkeit, mit unseren Potenzialen vertraut zu werden. Es setzt keine Spezialbegabung voraus, aber Offenheit für die Vorstellung, dass damit Energien gemessen werden können, sowie die Bereitschaft, unvoreingenommen das eigene Potenzial zu ermitteln. Wir sollten darauf achten, gleichzeitig fokussiert zu sein und inneren Abstand zu halten, um die Energie unbeeinflusst von den eigenen Wunschenergien zu messen. Um das Pendeln – wie jede Technik – zu erlernen, braucht es Zeit und Aufwand, die wir uns zugestehen sollten.

Die Messwerte für die Energien der Potenziale dienen vor allem dazu, Vergleiche anzustellen, zum einen den zwischen ihrer aktuellen und der möglichen Größe, zum anderen den zwischen den aktuellen Größen zu verschiedenen Zeitpunkten. Der exakte Wert der Messung zu einem Zeitpunkt tritt demgegenüber in den Hintergrund. Er kann durch unsere ‚Tagesform' oder durch äußere Störfaktoren geringfügig beeinflusst sein. Wenn wir das im Hinterkopf haben, können wir mit größerer Gelassenheit an das Messen der Potenzialenergien herangehen.

Worauf beim Pendeln zu achten ist:
• Es ist wichtig, dass wir uns entspannen. Unruhe oder starke Emotionen würden das Pendelergebnis verfälschen. Ideal ist der sogenannte Alpha-Zustand der Gehirnwellen, wie er sich z. B.

in der Meditation einstellt. Es ist der Zustand, der der Schwingungsfrequenz der Erde entspricht und Energie gut fließen lässt.

- Der Platz, an dem wir pendeln, sollte ungestörte, konzentrierte Arbeit ermöglichen.
- Wir sollten klare Fragen stellen, die eindeutig zu beantworten sind.
- Wir sollten konzentriert auf die Frage ausgerichtet sein; die Ausrichtung auf die Frage ist eine der wichtigsten Voraussetzungen für zutreffende Pendelergebnisse. Die Ausrichtung geht vom Herzen aus, unser Herz ist der wichtigste Fühler für die Potenzialenergie.
- Wir sollten unsere Fragen immer auf das Ziel der bestmöglichen Entwicklung unseres Potenzials ausrichten. Wir sollten keine Wunschvorstellungen in den Pendelvorgang einfließen lassen. Wir würden das Ergebnis mit der Energie unseres Wunsches beeinflussen.
- Vor allem am Anfang sollten wir uns in Geduld üben. Es kann einige Sekunden dauern, bis sich der Pendelausschlag in einer Richtung stabilisiert hat.
- Bei jedem Pendelergebnis sollten wir bewusst das begleitende Gefühl wahrnehmen, um bei gefühlter Unsicherheit die Frage gegebenenfalls präziser oder anders zu formulieren.
- Mit dem Pendelvorgang und den Ergebnissen der Abfragen sollten wir respektvoll umgehen. Wenn wir das Gefühl haben, dass von einer Frage eine Sphäre berührt wird, die vielleicht schützenswert ist, sollten wir vorab mit einer Ja-/Nein-Frage die Erlaubnis einholen, ob das Pendeln zu der gestellten Frage generell bzw. im Moment zulässig ist.
- Wir sollten nicht übertreiben, z.B. durch ständiges Pendeln, wir sollten mit den Pendelergebnissen gelassen umgehen.
- Die Arbeit mit dem Pendel verläuft in einem Lernprozess. Wenn die Arbeit mit dem Pendel oder der Bereich, für den wir pendeln, für uns neu sind, sollten wir Prüfschritte in Form von Kontrollfragen mit einplanen. Wir sollten die Ergebnisse auch durch die eigene Intuition oder im Gespräch mit Bekannten oder Freunden überprüfen.

2.2.4 Argumente für die Nutzung des Pendels zur Potenzialmessung

Neben der Einfachheit der Messung gibt es noch eine Reihe von weiteren Vorteilen für diesen energetischen Weg der Potenzialmessung:

1. Durch die Nutzung des Pendels schulen wir unsere Intuition und lernen das Gefühl für die Energien kennen, von denen wir umgeben sind. Der Messvorgang mit dem Pendel ist somit auch ein geistiger Vorgang. Wir richten uns geistig auf die zu messende Energie aus, bleiben auf die Messung konzentriert und schalten unser Fühlen ein, um das Pendelergebnis nicht nur abzulesen, sondern auch fühlend wahrzunehmen. Jedes Pendeln liefert neben dem Pendelausschlag auch ein Gefühl über die Qualität der Energie, nach der gefragt wird. Richtig eingesetzt wird uns das Pendel kaum völlig neue Dinge über uns sagen, von den meisten Dingen haben wir mindestens eine Ahnung. Und selbst Dinge, die völlig neu in unserem Bewusstsein auftauchen, können wir einordnen, wenn wir ihnen nachspüren. Das Pendel bringt uns auf jeden Fall dazu, systematisch nach allen Dingen zu fragen, die mit unseren geistigen Potenzialen und ihrer Entwicklung zusammenhängen. Die Stärke des Pendels liegt darin, auch die Dinge anzuzeigen, die uns nicht bewusst sind oder mit denen wir uns nicht so gerne beschäftigen.

2. Wir können über den energetischen Weg die geistigen Potenziale vollständig ermitteln, da wir auch Potenziale messen bzw. abrufen können, die nicht in unserem Wachbewusstsein sind – die sozusagen ruhendes Potenzial darstellen. Viele Ausprägungen unserer Potenziale sind uns nicht bewusst, da sie sich entweder sehr früh in der Kindheit in Reaktion auf die Erziehung ausgebildet haben oder wir bisher keine Gelegenheit hatten, sie zu aktivieren. Unser vollständiges Potenzial kennen wir erst, wenn wir uns diese unbewussten Anteile bewusst machen.

3. Für die Authentizität der Messungen ist ein Argument besonders wichtig, dass wir durch die Messung eine geistige

Distanz zu unseren Potenzialen schaffen. Durch die Fokussierung auf ein Potenzial vermeiden wir es, den Messvorgang durch Wünsche oder Befürchtungen zu beeinflussen, wie es bei einer gedanklichen ‚Messung' der Fall wäre, deren Ergebnis durch Wünsche und Gefühle beeinflusst wird. Wir vermeiden also die Fokussierungsillusion, die dadurch entsteht, dass wir unseren Wünschen einen zu hohen Erwartungswert zumessen, der in der Realität oft enttäuscht wird.

4. Wir behalten immer die Verantwortung: Das Pendel liefert uns Entscheidungsgrundlagen, die Entscheidung treffen immer wir. Nach meiner Erfahrung fühlen wir zu den Pendelergebnissen immer eine gewisse Stimmigkeit bzw. Nicht-Stimmigkeit, wenn die Frage nicht präzise gestellt war oder kein eindeutiges Messergebnis erzielt werden konnte.

Die Pendelergebnisse sind selten völlig überraschend. Mit zunehmender Erfahrung wird sich größere Sicherheit einstellen, da wir zusätzlich zum Pendelergebnis unser Gefühl mit heranziehen. Irgendwann brauchen wir das Pendel nicht mehr und können uns vollständig auf unsere Intuition verlassen.

3 Überlegungen zur Potenzialarbeit

Wir können nun darangehen, das vor uns liegende Vorhaben der Potenzialarbeit zu skizzieren. Wir haben deutlich gemacht, was wir unter geistigen Potenzialen verstehen können, wie sie wirken, auf welche Art sie sich entwickeln und schließlich gezeigt, wie wir die Energien messen können, die von den Potenzialen ausgehen.

Der Skizze vorausgeschickt sei noch, dass wir ein natürliches Bedürfnis haben, unsere Potenziale weiterzuentwickeln, das Beste aus unseren Anlagen zu machen. Das ist im Wesentlichen der Sinn unseres Lebens, unsere Lebensaufgabe. Sind wir mit dieser Lebensaufgabe in Verzug, meldet sich innere Unerfülltheit, latente Unzufriedenheit mit dem Bestehenden, Sinnsuche: „Das kann doch nicht alles gewesen sein?"

Bevor wir mit der Potenzialarbeit beginnen, sollten wir überlegen, welches die Ziele sind, die wir damit erreichen wollen. Wir sollten uns damit vertraut machen, welche Aufgaben sich uns bei diesem Vorhaben stellen werden. Schließlich sollten wir uns darauf einstimmen, mit welcher Einstellung wir am besten an dieses Vorhaben herangehen.

3.1 Die Ziele

Wenn wir die Arbeit an unseren Potenzialen als Projekt sehen, dann sind Gegenstand dieses Projekts unsere geistigen Potenziale in Form der Bedürfnisse und der Charaktermerkmale. Ganz allgemein gesprochen ist das Projektziel die Entwicklung dieser Potenziale durch intuitive und energetische Techniken und Methoden.

Die Richtung der Entwicklung der Potenziale wird sein, sie in einem weiten Spektrum in einer möglichst hohen Qualität – also frei von störenden Energien – nutzen zu können. Man kann diese Entwicklung eine natürliche nennen. Für die Bedürfnisse liegt ihr Maßstab in der Maslowschen Bedürfnispyramide, bei den Charaktermerkmalen in der Bewegung von den schwachen zu den starken Ausprägungen.

Genau genommen handelt es sich um zwei Teilziele, wobei jedes der beiden ein eigenständiges Ziel sein kann:

- Die Standardaufgabe der Potenzialarbeit und damit ihr erstes Ziel ist darin zu sehen, neue Einstellungen, Kenntnisse oder Fähigkeiten zu erwerben, vielleicht auch eine neue Form für einzelne Bedürfnisse zu finden oder Charaktermerkmale energetisch zu stärken.

  Im ersten Abschnitt haben wir thematisiert, dass sich Potenziale aus ihrer ursprünglichen Anlage durch gewohnheitsmäßige Aktivierung zu ihrem heutigen Stand entwickelt haben. Im Umkehrschluss gilt, dass wir diesen Stand nur ändern bzw. weiterentwickeln können, wenn wir neue Gewohnheiten kreieren oder bestehende verändern. Davor müssen wir noch herausfinden, welches die für uns wichtigen Potenziale sind, also unsere Stärken, die ‚Gabe‘, die wir in die Welt mitgebracht haben und die verwirklicht werden will. Es geht also um Formen der Erweiterung, der Ergänzung oder um einen Ersatz.

- Das zweite, ebenso wichtige Ziel ist die Erhaltung bzw. Wiederherstellung der Kohärenz unseres inneren Zustands. Hier geht es darum, dass wir innere Konflikte erkennen und z. B. die ihnen zugrunde liegende Störenergie bei unseren Charaktereigenschaften auflösen. Es geht auch darum, einzelne unserer Potenziale besser zu integrieren, also solche Potenziale, die zueinander in einem Spannungsverhältnis stehen. Hier sei nochmals auf das Beispiel des ungeduldigen Pädagogen in Abschnitt 1.4 hingewiesen.

- Diese Korrekturen sind deshalb wichtig, weil sich dadurch der Energiefluss verbessert und sich unsere Potenziale besser und harmonischer entfalten können. Auch hier geht es darum, neue Gewohnheiten zu finden, die uns dieses Ziel erreichen lassen.

Ich möchte dazu ein einfaches persönliches Beispiel anführen. Seit ich bei Autofahrten nicht mehr gewohnheitsmäßig meinen inneren Fahrlehrer aktiviere, sondern den Leitsatz beherzige: „Jeder macht es, so gut er kann", verlaufen diese deutlich erfreulicher und stressärmer (s.a. Abschnitt 4.2.2).

3.2 Das Projekt

Die Potenzialarbeit hat typische Qualitäten eines Projekts: definierte Ziele und Aktivitäten, ein strukturiertes Vorgehen, dazu einen weiten Kreativbereich zum Analysieren von Problemen und zum Finden und Anwenden von Lösungen.

Für die Steuerung des Projekts wird es darauf ankommen, dass wir feinfühlig auf die Impulse eingehen, die wir in der Potenzialarbeit aufnehmen. Wir sollten das Projekt als einen dynamischen Prozess sehen, in dessen Verlauf sich Prioritäten und Ziele ändern können. Wobei die Dynamik daraus entsteht, dass wir es mit einer Vielzahl von sich gegenseitig beeinflussenden Faktoren zu tun haben.

Daher ist vor allem Zuversicht gefragt und eine Haltung, die Ereignisse, Wendungen, Impulse, Intuitionen offen aufnimmt, aber auch unerwartete Reaktionen oder Konflikte nicht als Bedrohung sieht, sondern als Bestandteil des Projekts und als Prüfstein.

Meine Erfahrung ist, dass dieses Projekt einer eigenen Logik folgt und erfolgreich ist, wenn wir offen und uns selbst gegenüber ehrlich sind. Wie schnell wir dabei vorankommen, wird davon abhängen, welcher Art die Anforderungen sind, die sich in dem Projekt stellen und wie viel Zeit wir aufbringen können.

Im Lauf der Zeit wird sich das Projekt verstetigen. Anfangs werden wir uns auf die Anwendung der Lösungen für die offensichtlichen und drängenden Fragen und Probleme konzentrieren. Haben wir diese gelöst, werden wir uns mit den Fragen und Problemen beschäftigen, die die subtileren Bereiche betreffen, bis wir am Ende im Bereich der Spiritualität angelangt sind. Und wir wissen ja, dass gerade in diesem Bereich kein Ende abzusehen ist.

In diesem Sinn kennt das Projekt keinen Abschluss. An jedem erreichten Einzelziel wartet die nächste Aufgabe. Das ist beileibe kein Grund, um zu verzweifeln, denn jeder erfolgreiche Schritt auf dem Weg der Potenzialarbeit motiviert für den nächsten.

Wir sollten uns die Zeit nehmen, die es braucht, um die Dinge sich harmonisch entwickeln zu lassen. Dazu gehört, Auszeiten zu nehmen, um das Erreichte Revue passieren zu lassen, oder unsere Ziele zu überprüfen und uns mit nahestehenden Menschen auszutauschen. Ein Gespräch bringt oft unerwartet Lösungen, die aus dem Unterbewusstsein auftauchen. Auf jeden Fall zwingt es uns, die Dinge klar zu durchdenken.

Wie können wir feststellen, ob wir unseren Zielen näher kommen?

Ob wir unseren Projektzielen näher kommen oder ob wir sie erreicht haben, können wir mit dem Pendel quantitativ-messend ermitteln. Wir können es aber auch an unserer Freude ablesen, wenn wir ein Ziel erreicht haben. Wenn wir z.B. verstanden haben, wie wir unsere Bedürfnisse besser erfüllen können, oder wenn wir verstanden haben, woher unsere Störenergien kommen, oder wenn es uns gelungen ist, auf eine Störenergie konstruktiv zu reagieren.

Die zweite Art der Erfolgsmessung ist eigentlich diejenige, die zählt. Sie vermittelt sich uns mit dem Gefühl des Glücks. Das klingt unwirklich, aber es ist so: Glück ist die logische Folge des Fortschritts in unserem Projekt. Und zwar Glück nicht als Lottogewinn oder als Wohlfühlglück, sondern als inneres Glück, das aus der Resonanz mit unseren Potenzialen und aus der Freude darüber kommt, einen Entwicklungsschritt getan zu haben (s.a. Abschnitt 5).

Ob wir mit unserer Potenzialarbeit vorankommen, können wir also an unserem inneren Zustand ablesen und an den Reaktionen unseres Umfelds.

Welches sind die Phasen des Projekts?

Ganz grob können wir vier Phasen unterscheiden: Aufnehmen der Potenzialdaten, Analysieren und Lösungen suchen, Lösungen anwenden und Verfolgen der Entwicklung.

1. Phase: Aufnehmen der Potenzialdaten

Das Aufnehmen der Daten erfolgt zu Beginn der Potenzialarbeit im Rahmen einer Bestandsaufnahme. Dabei wählen wir mit dem Pendel die für uns wichtigen Potenziale über die Tabelle der Bedürfnisse und der Charaktereigenschaften aus. Die Daten für die einzelnen Potenziale erfassen wir über die Checkliste. Zusätzlich können wir uns einen ersten Einblick in das Thema verschaffen, indem wir unseren Enneagrammtyp ermitteln (s. Abschnitt 4.1).

Wir können auch auf das Vorliegen bestimmter Problemstellungen abfragen und die daran beteiligten bzw. verursachenden Potenziale ermitteln. Bei den Aufgaben, in denen es um die Herstellung von Kohärenz geht, stehen wir oft vor der Situation, meist gar nicht zu wissen, dass einzelne unserer Potenziale nicht gut integriert sind oder dass eine Störenergie vorliegt. Uns fehlt schließlich die Erfahrung, wie es sich anfühlt, wenn die Potenziale harmonisch zusammenwirken.

Schließlich können wir nach Entwicklungszielen fragen und Potenziale danach auswählen, beispielsweise das Potenzial, das für uns die größte Entwicklungsmöglichkeit beinhaltet.

2. Phase: Analysieren und Suchen einer Lösung

Im Zuge der Analyse werden wir weitere Daten zu den Potenzialen erfassen, die uns zu einem besseren Verständnis eines Potenzials führen. Um mit unseren Potenzialen vertraut zu werden, üben wir unsere innere Wahrnehmung. Wir gehen unsere Erfahrungen mit einem Potenzial durch und fühlen uns in verschiedene seiner Zustände ein. Dann versuchen wir herauszufinden, wie wir zu einer besseren Lösung für ein Potenzial kommen können. Für diejenigen Leserinnen und Leser, die damit wenig Erfahrung haben, möchte ich die damit verbundenen Aktivitäten kurz beschreiben. Eine ausführliche Beschreibung dazu findet sich in Abschnitt 4.3.

Sich Ausrichten:

Um in Fühlung mit unseren geistigen Potenzialen zu kommen, richten wir uns nach innen aus. Es ist vorteilhaft, wenn wir eine Beobachterposition einnehmen, einen Bezugspunkt außerhalb unserer Gedanken- und Gefühlswelt. In dieser Fokussierung verbinden wir uns mit unseren Potenzialen vom Bewusstsein aus, in Gedanken oder in der Meditation. Dazu bedarf es anfangs einiger Vorbereitung und Übung.

Unterscheiden:

Unterscheiden heißt auf der äußeren Ebene auswählen, messen, vergleichen und entscheiden. Das Pendel ist das Werkzeug dafür. Wir brauchen aber auch die innere Unterscheidung, die Intuition, um uns in unsere Potenziale, in ausgewählte Potenzialzustände und in Erfahrungen mit diesen Potenzialen einzufühlen.

Die innere Unterscheidung können wir intensivieren, wenn wir über die Gegenstände unserer Wahrnehmung meditieren.

Das Werkzeug der inneren Unterscheidung ergänzt also die Arbeit mit dem Pendel und braucht Zeit, um sich zu entwickeln. Gerade am Beginn der Potenzialarbeit oder der Arbeit an einem bestimmten Potenzial werden wir manchmal unsicher sein. Wir sollten dann Kontrollfragen an das Pendel stellen, um die erzielten

Ergebnisse zu überprüfen, oder das Gespräch mit Partnern oder Freunden suchen.

Lösungen suchen:

Nachdem die ‚natürliche‘ Potenzialentwicklung von frühester Kindheit an darin besteht, Potenziale durch die Gewohnheit ihrer Nutzung zu prägen, heißt das für die bewusste, gezielte Potenzialentwicklung, Gewohnheiten zu ändern oder neu zu schaffen, um Potenziale in ihren Wirkungen zu ändern, zu verbessern. Das ist streng logisch und kann eigentlich nicht anders sein: Ein bestehender Zustand kann nur durch einen neuen Zustand ersetzt bzw. ergänzt werden.

Das kann bei einem Bedürfnis eine neue Ebene sein, die uns klar wird. Bei Charaktermerkmalen kann es ein stärkender Impuls sein, eine Wortfolge, ein *Leitsatz*, den wir uns überlegt haben und mit dem wir dem Charaktermerkmal eine neue Essenz geben. Ein Beispiel dafür ist der Leitsatz „Mit gezeigter Schwäche liebevoll umgehen" für die Änderung des Charaktermerkmals 28 *Urteil* in Richtung auf Minderung der Strenge (s.a. Abschnitt 4.2.2).

Eine neue Lösung finden wir durch Nachdenken, Meditieren, bei Bedürfnissen ggf. durch Recherchieren über mögliche Lösungen. Eine gefundene Lösung werden wir vorab mit dem Pendel auf ihre Eignung testen. Bei Charaktermerkmalen werden wir die neue Lösung zunächst außerhalb des Alltags testen. Erst wenn wir in der Anwendung sicher sind, werden wir sie auch im Alltag anwenden.

3. Phase: Lösungen anwenden

Für Bedürfnisse besteht die Lösung in einer geänderten Einstellung zu dem Bedürfnis oder in einem neuen Zugang zu ihm. Lösungen für Bedürfnisse werden wir direkt im Alltag anwenden.

Für Charaktermerkmale brauchen wir neben der gefundenen Lösung Methoden und Techniken, mit denen wir sie zur

Anwendung bringen. Das bedeutet zunächst immer die Fokussierung unseres Bewusstseins auf ein Charaktermerkmal als eine Form des Beobachtens und gleichzeitig die innere Verbindung mit der Lösung, dem Element, aus dem die Stärkung kommt. Damit geben wir einen willentlichen Impuls an das zu bearbeitende Potenzial. Der energetische Impuls der neuen Lösung kann darin bestehen, dass wir uns mit einer starken Ausprägung eines Charaktermerkmals verbinden oder einen Leitsatz sprechen (s. o.), den wir bei der Lösungssuche gefunden haben.

Unsere Gewohnheiten haben ein Trägheitsmoment. Es bedarf daher der häufigen Wiederholung der Lösung – einer neuen Gewohnheit –, bis sie selbstverständlich wird.

4. Phase: Verfolgen der Entwicklung

Zu den Charaktermerkmalen und Bedürfnissen, die wir in Bearbeitung haben, sollten wir regelmäßig – vielleicht wöchentlich – die aktuellen Werte ermitteln und festhalten. Ob eine positive Entwicklung stattgefunden hat, können wir für die Charaktermerkmale an der Veränderung der Felder der Iststärke und an der der Stärke der Störenergie feststellen, sowie daran, dass sich kein oder ein geringer Energiestau gebildet hat. Für die Bedürfnisse stellen wir das anhand der Veränderung der Iststärke fest.

Wir sollten uns darauf einstellen, dass sich die gemessenen Werte nicht kontinuierlich in eine Richtung entwickeln. Nach der Anwendung einer Lösung verbessern sie sich, im folgenden Alltag werden sie wieder etwas zurückgehen. Erst wenn eine neue Lösung zur Gewohnheit geworden ist, werden die Werte stabil bleiben.

Um uns einen Überblick über die Potenzialarbeit insgesamt zu verschaffen, können wir auch ganz allgemeine statistische Fragen an das Pendel stellen. Beispielsweise die Frage, welches Charaktermerkmal oder Bedürfnis im letzten Zeitraum die positivste Entwicklung genommen hat, oder die Frage, für welches Charaktermerkmal im abgelaufenen Zeitraum die meisten Störenergien aufgetreten sind. Das wird unsere Aufmerksamkeit auf die entsprechenden Potenziale lenken.

Da wir im Normalfall mehrere Potenziale bearbeiten werden, ist es vorteilhaft, einen organisatorischen Rahmen für die Projektarbeit zu schaffen und planvoll vorzugehen, um hier nicht den Überblick zu verlieren. Dazu gehört, dass wir Aufzeichnungen über die Aktivitäten und Ergebnisse führen und sie in der Arbeit nutzen, damit ein gefundener Weg nicht mehrfach gegangen wird. Zudem werden durch den Schreibvorgang die Dinge klarer.

3.3 Die Einstellung

Mit dem Vorhaben, unsere geistigen Potenziale auf energetischem Weg zu entwickeln, betreten wir Neuland. Wir beschreiten neue Wege, sammeln Erfahrungen und sind offen für die Erfahrungen anderer. Die Arbeit an den Potenzialen ist als ein Entwicklungsweg zu sehen, der anfangs noch im Dunkel liegt. Aus all dem ergibt sich, dass wir an dieses Projekt mit einer besonderen Einstellung herangehen sollten:

- Es gilt, mit Zuversicht an die Arbeit zu gehen. Wenn wir in unseren Potenzialen Helfer sehen, die für uns zu unserem Besten da sind, wird das unsere Zuversicht stärken, dass unser Bemühen erfolgreich ist. Unsere Rolle ist ja weniger die eines Architekten, als die eines Gärtners. Die Ordnung unserer geistigen Potenziale bildet sich von selbst, wenn wir die Hindernisse beseitigen, die ihr bisher im Weg standen. Im Yoga wurde das sehr früh gesehen. Patanjali, der den Yoga kodifiziert hat, bringt das in seinem Yoga-Sutra 4.3 sehr schön zum Ausdruck: „Das Handeln setzt die Abläufe und Änderungen in der Natur nicht in Gang, sondern wirkt als Zerbrecher der Dämme, die die Entwicklung behindern – ähnlich einem Bauern, der die Dämme öffnet, um seine Felder zu bewässern."
- Wir sollten uns darauf einstellen, dass die Potenzialarbeit anspruchsvoll ist. Anspruchsvoll insofern, als die Wirkungen, die wir mit ihr erzielen, nicht unmittelbar aus dem abzuleiten sind, was wir aktiv für unsere Potenziale tun. Das möchte ich kurz

erklären: Wir können die Wirkung einer Übung zur Stärkung eines Potenzials einmal stärker, einmal schwächer, einmal gar nicht spüren. Dies selbst dann, wenn das Pendel eine Wirkung der Übung angezeigt hat. Das kann z.B. damit zusammenhängen, dass wir gerade nicht sehr entspannt sind. Denn auch unsere Fokussierung auf ein bestimmtes Potenzial, ein Thema oder die Achtsamkeit auf bestimmte Situationen im Alltag sind Teil der Wirkung. Dazu kommt die Wirkung, die sich aus einem veränderten Zusammenspiel der Potenziale ergibt. Das Zusammenspiel kann die Wirkung verstärken, aber auch aufheben. Solche dynamischen Prozesse brauchen Zeit, um sich auf einer neuen Ebene einzuschwingen. Wir sollten also Verständnis für den Zeithorizont aufbringen, in dem sich Potenzialentwicklung vollzieht. Wir können hier Dinge zwar schnell erkennen, aber nur langsam ändern. Wobei das Erkennen bereits Teil des Änderungsprozesses ist. Dies alles beherzigend wird sich auch die Geduld einstellen, die wir auf jeden Fall brauchen werden.

- Wir sollten immer im Auge behalten, wie es uns selbst mit der Potenzialarbeit geht. Wie es sich anfühlt, wenn wir uns an den Ergebnissen des Pendels und an den Potenzialen orientieren, ob wir Druck oder Ungeduld aufgebaut haben, ob wir enttäuscht sind. Deshalb ist es wichtig, dass wir uns Zeit nehmen und uns Bestätigung holen – durch Pendeln, durch Nachspüren, durch Meditation, aber auch durch Gespräche mit Partnern, mit Freunden. Sie haben den Blick von außen und können uns helfen, unsere Einschätzungen zu überprüfen.

- Wir sollten uns darauf einstellen, dass Unvorhergesehenes passiert und uns dazu bringt, unsere Vorgehensweise zu ändern. Eine experimentelle Haltung wird daher der Aufgabe am ehesten gerecht werden. Sie sollte sich von den eigenen Potenzialen und dem Ziel leiten lassen, diese bestmöglich zu entwickeln. Sie wird offen sein gegenüber neu auftretenden Anforderungen und gegenüber den Rückmeldungen, die aus dem täglichen Leben kommen. Offenheit ist auch wichtig für das Anwenden von Lösungen und Methoden. Das Pendel wird dabei helfen, die geeignete Lösung zu finden. Aus dieser Haltung entsteht ein Verständnis für die Formung des eigenen Charakters, der mit seinen Potenzialen im Einklang ist oder besser zur Ausdrucksform seiner Potenziale wird.

3.4 Das Neue an der Potenzialarbeit mit dem Pendel

Traditionell ist die Arbeit an den geistigen Potenzialen und das Finden der inneren Kohärenz Arbeitsgebiet von Religion, Psychologie, Spiritualität und Philosophie, mit etwas anderen Begriffen. Die Potenziale unserer Charaktereigenschaften werden als Stärken und Schwächen, Tugenden oder Laster, Kohärenz wird als Tiefenentspannung oder Samadhi bezeichnet. Kommen wir dagegen aus den Natur- oder Neurowissenschaften, werden wir die Potenziale als Energien sehen. Entsprechend unterschiedlich sind auch die Aussagen, wie wir mit unseren geistigen Potenzialen am besten umgehen sollten. Kommen wir aus der geisteswissenschaftlichen Richtung, hier vor allem von den Religionen oder der Philosophie, erhalten wir Tugendlehren und Ermahnungen, uns nicht dem Übermut, der Hybris oder irgendwelchen Lastern hinzugeben. Kommen wir aus den Naturwissenschaften und damit aus einer eher technischen Sichtweise, geht es darum, dass Energie ungehindert fließen kann. Das erreichen wir, wenn wir in einem kohärenten Zustand sind, das heißt, psychologisch gesprochen, wenn wir entspannt und glücklich sind. Dann sind wir auch im Einklang mit unseren Potenzialen. Das ist keine abstrakte Vorstellung, es deckt sich mit dem, was Quantenbiologie und Neurowissenschaften über unsere Körper- und Geistesfunktionen herausgefunden haben.

Wir finden also Übereinstimmung zwischen den verschiedenen Richtungen, was den analytischen Teil der Potenzialentwicklung betrifft, bei großen Unterschieden in den verwendeten Methoden und Techniken der Anwendung und Umsetzung. Manches hat sich durchaus bewährt, was von den Philosophen des alten Griechenland oder den Yogis der Antike vorgeschlagen wurde, um geistige Potenziale durch neue Gewohnheiten zu entwickeln. Es ist nur in der Moderne weitgehend in Vergessenheit geraten. Einige der hier vorgeschlagenen Übungen entstammen tatsächlich dem Yoga. Anstelle der hier vorgeschlagenen energetischen Übungen können auch andere Methoden und Techniken mit gleicher Zielrichtung verwendet werden. Wir müssen nicht auf den Schatz an Erfahrungen verzichten, der sich seit der Antike angesammelt hat.

Was nun den Unterschied der hier vorgestellten Potenzialarbeit im Vergleich zu älteren bzw. anderen Methoden ausmacht, ist die Möglichkeit, gezielt Lösungen für Potenziale zu ihrer Verbesserung zu finden und sofort auf Eignung zu prüfen. Dadurch wird das Risiko klein gehalten, das Entwicklungsziel zu verfehlen. Im Einzelnen sei das nochmals zusammengefasst:

- Indem wir uns darin üben, uns mit unseren Potenzialen zu verbinden, lernen wir, im Hier und Jetzt zu leben, anstatt uns gedanklich mit Vergangenheit oder Zukunft auseinanderzusetzen.

- Da wir über die Messung von Potenzialenergien direkt in die Arbeit einsteigen, kommen wir gleich ins Handeln. Dabei vermeiden wir ressentimentbeladene Emotionen aus Schuld, Scham oder Rechtfertigung.

- Wir können die Potenziale für die anstehende Entwicklungsarbeit durch das Pendel zielgenau auswählen. Das ist deshalb wichtig, da sich die direkte Rückmeldung zu den Potenzialvorgängen, die wir über die Gefühle erfahren, selten konkret auf einzelne Potenziale bezieht, sondern sich meist in diffuser Form als Spannung, Druck oder Stress äußert.

- Bei den Antworten durch das Pendel werden unsere Potenziale gesamthaft berücksichtigt. Es werden nicht nur die bewussten, sondern auch unbewusste Teile unserer Potenziale mit einbezogen. Beispielsweise solche Anteile, die durch die frühkindliche Erziehung entstanden sind.

- Wir können für jede Übung bereits vorab über das Pendel testen, ob sie geeignet ist, die gewünschte Verbesserung zu erreichen.

Nach der Durchführung von Übungen können wir messen, welche energetische Wirkung durch die Übung erzielt wurde.

- Die Eingriffe durch die vorgeschlagenen energetischen Übungen sind sozusagen mikroinvasiv. Sie haben je Übung eine geringe Wirkung. Die Wirkung wird merkbar, wenn wir die Übungen über einen längeren Zeitraum durchführen. Dies reduziert das Risiko einer Fehlanwendung. Ungünstige Wirkungen können früh entdeckt und wieder rückgängig gemacht werden.

Wir haben die Möglichkeit, die wir auch wahrnehmen sollten, das Pendel zu fragen, ob bestimmte Themen der Potenzialarbeit erst durch therapeutische Arbeit abzuklären sind.

- Diese Art der Potenzialarbeit ermöglicht ein hohes Maß an Flexibilität. Wir können an einem oder an mehreren Potenzialen arbeiten. Wir können Aktivitäten jederzeit ändern. Auch die Intensität, mit der wir mit den Arbeiten vorangehen, können wir variieren – abhängig von der eigenen verfügbaren Zeit und von der Art der Anforderungen, die sich uns stellen.
- Der gesamte Bereich der Potenziale ist ein integriertes und lernendes System. Erfahrungen mit einem Potenzial und einer Art der Potenzialarbeit können in vielen Fällen auf andere Potenziale übertragen werden. Veränderungen bei einem Potenzial wirken auf alle anderen. Das merken wir vor allem bei der Arbeit mit den Störenergien. Es sind wenige, vielleicht eine Handvoll Potenziale, deren Störenergie regelmäßig auf andere Potenziale wirkt. Wenn wir diese Störenergie auflösen, wirkt das auf den gesamten Energiefluss.

4 Praktisches Vorgehen bei der Potenzialarbeit

4.1 Bestandsaufnahme

Wir haben in den ersten Abschnitten die Funktionsweise unserer geistigen Potenziale dargestellt und beschrieben, wie wir ihre auf uns wirkenden Energien mit dem Pendel messen können. Nun sind wir so weit, mit den Potenzialen konkret zu arbeiten. Dazu empfiehlt es sich, eine Aufnahme des energetischen Zustands ausgewählter Potenziale vorzunehmen. Aus den Ergebnissen für die einzelnen Potenziale können wir ableiten, bei welchen von ihnen eine weitere Potenzialarbeit angeraten ist. Einen ersten Einblick in unsere Potenzialsituation erhalten wir, wenn wir den eigenen Enneagramm-Typ ermitteln.

Im Folgenden sind ausgewählte Praxisbeispiele aufgeführt, die einen Eindruck über die Arbeit geben.

Einstieg über eine Bestandsaufnahme:

Mit der Bestandsaufnahme ermitteln wir die für uns wichtigen Potenziale der Bedürfnisse und Charaktereigenschaften. Wir messen die Werte ihrer Energien und erfassen mithilfe der Checkliste weitere wichtige Daten. Schließlich ermitteln wir, ob ein Spielraum da ist, sie weiterzuentwickeln.

Die Auswahl der Bedürfnisse und Charaktereigenschaften treffen wir über die beiden Tabellen in Anhang 3. In der Auswahl der Charaktermerkmale sollten ein oder zwei Charaktermerkmale mit Störenergie enthalten sein. Die Einträge in diesen Tabellen sind als systematisierte Vorschläge zu sehen und können ergänzt werden, wenn wir feststellen, dass eigene wichtige Potenziale fehlen.

Vor der Durchführung der Bestandsaufnahme ist zu empfehlen, den eigenen Enneagramm-Typ zu ermitteln. Damit erhalten wir einen ersten Einblick in unsere Potenzialsituation. Er zeigt uns einige unserer besonders ausgeprägten Charaktereigenschaften und gibt uns damit eine Deutung unseres Charakters, insbesondere zeigt er uns wichtige Bestimmungsgründe für unsere Motivation (s. u.).

Einstieg über eine aktuelle Fragestellung:
Wir können an die Auswahl der Bedürfnisse oder Charaktermerkmale auch über eine Frage herangehen, die sich uns in einer aktuellen Lebenssituation stellt. In diesem Fall stellen wir über Pendel fest, welche Bedürfnisse bzw. welche Charaktermerkmale für das Entstehen dieser bestimmten Situation mit verursachend sind. Wir erhalten dann über den Zahlenkreis die Nummern der Bedürfnisse bzw. Charaktermerkmale und führen die weiteren Abfragen zu ihnen über die Checkliste durch.

4.1.1 Einen ersten Überblick gewinnen

Einen ersten Einblick in unsere Potenziale erhalten wir über die Ermittlung unseres Enneagramm-Typs. Unseren eigenen Typ ermitteln wir durch Pendeln eines Wertes zwischen 1 und 9.

Das Enneagramm:
Das Enneagramm ist eine Typologie mit neun verschiedenen Charakteren. Die Beschreibung der neun Typen finden wir zusammen mit der Darstellung ihrer Entwicklung in Anhang 2. Wenn wir unseren Typ kennen, können wir die Besonderheiten unseres Charakters besser verstehen, also das, was uns wichtig ist und zum Handeln motiviert. Wir bekommen aber auch ein besseres Verständnis für die Entwicklungsaufgaben, die sich uns stellen. Das hat mit der Entwicklungsdynamik zu tun, die im Enneagramm steckt. Diese besteht darin, die Charaktermerkmale,

die unsere zentrale Motivation bestimmen, in eine starke Form zu bringen. Das bezieht sich vor allem auf unser *Kern-Charaktermerkmal* (s. Tabelle unten). Der Wert für seine Ausprägung zwischen schwach und stark, also seine Iststärke zeigt uns, wie gut wir mit unserer Motivation umgehen. Seine schwache in eine gewohnheitsmäßig starke Ausprägung umzuwandeln, ist eine unserer Lebensaufgaben. Für Typ Sechs beispielsweise, dessen Kern-Charaktermerkmal die *Erwartungshaltung* ist, besteht die Aufgabe darin, von der gewohnheitsmäßigen Angst zur Zuversicht zu kommen oder – anders formuliert – sich von einer gewohnheitsmäßig kritischen, ablehnenden Haltung zu einer des Annehmens zu entwickeln.

Die wichtigste Entwicklungsaufgabe im Rahmen des Enneagramms ist also darin zu sehen, von der schwachen zu einer starken Ausprägung des Kern-Charaktermerkmals zu kommen. Da für jeden Typ diese starke Ausprägung seines Kern-Charaktermerkmals beispielhaft in einem anderen Typ des Enneagramms verwirklicht ist, seinem *Zieltyp*, geht es zusätzlich darum, die starke Ausprägung des Kern-Charaktermerkmals in der Gesamtcharakteristik des Ziel-Typs zu realisieren. Im Beispiel oben heißt das für Typ Sechs, die hervorragenden Qualitäten der Neun zu entwickeln: Freundlichkeit, Akzeptanz und Mitgefühl. Diese Dynamik des Enneagramms ist auch in der folgenden Tabelle dargestellt. Indem wir uns mit unserer Kernschwäche und den Qualitäten unseres Ziel-Typs vertraut machen, erfahren wir also etwas über die Richtung, die wir in unserer Entwicklung einschlagen sollten.

Neben dem eigenen Typ und dem Ziel-Typ sind auch noch die beiden benachbarten Typen wichtig, unsere *Flügel*. Sie stellen den Rahmen, das Framing für unseren Typ dar, indem sie die Charaktereigenschaften unseres Typs um weitere Qualitäten ergänzen. Bei den Flügeln besteht die Entwicklungsaufgabe darin, sie in einem ausgewogenen Verhältnis zu leben.

Die Typen des Enneagramms:

Typ	Kern-Charaktermerkmal	Kernschwäche	Zieltyp
01 der Ordner	23 Annahmebereitschaft	Ärger, Ablehnen	07
02 der Helfer	30 Einstellung zum anderen	Hochmut, Stolz	04
03 der Erfolgreiche	19 Realitätsbezug	Lüge	06
04 der Ästhet	33 Wertschätzung	Abwertung, Neid	01
05 der Philosoph	34 Gönnen	Geiz	08
06 der Kritische	03 Erwartungshaltung	Angst	09
07 der Genießer	26 Einhalten von Grenzen	Unmäßigkeit	05
08 der Krieger	31 Achtung	Übergriffigkeit, Respektlosigkeit	02
09 der Vermittler	11 Mobilisierbarkeit	Inaktivität, Trägheit	03

Auswahl des Enneagramm-Typs

Enneagramm-Typ: Unseren Enneagramm-Typ ermitteln wir, indem wir das Pendel über den Zahlenkreis danach fragen, welchen Typ wir haben. Als Ergebnis erhalten wir eine der Zahlen zwischen eins und neun und kennen damit unseren Enneagramm-Typ.

Kern-Charaktermerkmal: Aus der Tabelle können wir direkt das Kern-Charaktermerkmal für unseren Enneagramm-Typ, die Qualität seiner schwachen Ausprägung – in Enneagramm-Terminologie seine Kernschwäche – und den Ziel-Typ ablesen. Unsere aktuellen Daten zum Kern-Charaktermerkmal erfassen wir nach der Checkliste für Charaktermerkmale (s. Anhang 3).

Flügel: Hier ermitteln wir, ob sich die beiden Flügel im Gleichgewicht befinden. Über die Prozentskala stellen wir fest, wie sich die von uns gelebten Qualitäten der beiden Flügel prozentual zueinander verhalten. Daraus können wir ablesen, welcher der beiden Flügel der ‚stärkere‘, welcher der ‚schwächere‘ ist.

Beispiel der Auswahl des Enneagramm-Typs

Die Ermittlung wurde für einen Klienten durchgeführt.

Enneagramm-Typ 06 (der Kritische)

Kern-Charaktermerkmal ist *03 (Erwartungshaltung)*:
- 02 Abfragegrund: *Enneagramm*
- 03 Zielstärke: *90 %*
- 04 Iststärke: *45 %*
- 05 Störenergie: *keine*
- 07 Energiestau: *90 %*

Kernschwäche ist die Angst, die schwache Ausprägung des Charaktermerkmals 03 *Erwartungshaltung.*

Verhältnis der beiden Flügel zueinander:
Typ 05 zu Typ 07: *20% zu 80%*

Erstes Ergebnis:
Wenn wir den Text zu unserem Enneagramm-Typ in Anhang 2
lesen, erhalten wir ein erstes Verständnis für die Besonderheiten
unseres Charakters. Wenn wir dazu die Texte zu unserem Ziel-
Typ und zu den Enneagramm-Typen unserer Flügel lesen, erhalten wir ein weiteres Verständnis dafür, in welchem charakterlichen Umfeld unsere Potenziale am besten zur Geltung kommen.

Im Beispiel oben besteht ein großer Abstand zwischen Zielstärke und Iststärke des Kern-Charaktermerkmals, die Iststärke ist
also nahe an seiner schwachen Ausprägung. Zudem zeigt sich an
dem hohen Wert für den Energiestau, dass sich im Zusammenhang mit diesem Charaktermerkmal Stauenergie aufgebaut hat.
Daraus lässt sich ablesen, dass an dem Charaktermerkmal gearbeitet werden sollte.

Die Zahlen für die beiden Flügel zeigen, dass die Qualitäten des
Typs 07 wesentlich stärker ausgeprägt sind als die von Typ 05.
Hier ist zu überlegen, wie ein besseres Gleichgewicht hergestellt
werden kann.

In dieser ersten Phase der Arbeit an unseren geistigen Potenzialen ist es von Vorteil, uns in die Qualitäten des eigenen Enneagramm-Typs einzufühlen und uns mit der unserem Typ zuge-
ordneten Kernschwäche auseinanderzusetzen. In zweiter Linie
sollten wir ermitteln, inwieweit wir uns den Qualitäten unseres
Ziel-Typs angenähert haben. Mit dem Pendel können wir über
die Prozentskala als Prozentwert ermitteln, ob unsere Entwicklung bezüglich des Enneagramms eher am Anfang, in der Mitte oder in der Nähe des Endpunkts der Entwicklung steht. Ein
niedriger Wert zeigt an, dass wir am Anfang stehen. Dies sollten wir als Hinweis nehmen, uns mit dem Enneagramm näher

zu beschäftigen. In diese Beschäftigung sollten wir auch die Arbeit an den Flügeln mit aufnehmen.

Zusammenfassung:

Wenn wir so unseren Charakter kennenlernen, lernen wir auch, uns von außen, aus der Sicht eines anderen zu sehen. Wir verstehen dann, dass unser Handeln – selbst in bester Absicht – für Menschen eines anderen Enneagramm-Typs schwer anzunehmen sein kann. Wir verstehen umgekehrt auch, dass das Handeln anderer – mit dem wir Schwierigkeiten haben – nicht gegen uns persönlich gerichtet ist, sondern lediglich die Art und Weise ausdrückt, wie diese mit ihren Mitmenschen umzugehen pflegen.

Das möchte ich an einem persönlichen Beispiel verdeutlichen. Ich hatte einen Kollegen, mit dem ich häufig aneinandergeriet. Wir blieben uns nichts schuldig. Ich hatte damals begonnen, mich mit dem Enneagramm zu beschäftigen und pendelte unser beider Enneagramm-Typen. Für meinen Kollegen ermittelte ich die Sechs, für mich die Acht. Beim Zusammentreffen von Menschen der Typen Acht und Sechs kann es dazu kommen, dass die Acht durch ihr ungestümes Vorpreschen die Ängste der Sechs weckt. Für die weitere Zusammenarbeit schien es günstig, wenn ich meinen Kollegen nicht überforderte und auf sein Sicherheitsbedürfnis einging. In der Folge bemühte ich mich genau darum. Der Erfolg war erstaunlich. Wir hatten von da an ein gutes Verhältnis zueinander. Mein Kollege hat meine unbeholfenen Versuche, auf ihn einzugehen, großzügig und dankbar angenommen. Allein mit dem Verständnis für den Enneagramm-Typ – den eigenen wie denjenigen unserer Mitmenschen – können wir eine erste Basis für ein harmonisches Miteinander schaffen. Schon deshalb ist eine nähere Beschäftigung mit dem Enneagramm lohnend.

Wir werden über die erzielten Ergebnisse nachdenken, meditieren, uns mit Freunden austauschen und in Kurzform im Checklistenformular für das Kern-Charaktermerkmal festhalten, was sich daraus an Erkenntnissen für uns ergibt. Ein intensivierender

Einstieg über weiterführende Lektüre zum Enneagramm ist sehr zu empfehlen. Die Ergebnisse zum Enneagramm stellen für sich bereits eine wertvolle Erfahrung dar. Wir können sie später auch in der weiteren Potenzialarbeit nutzen und in Beziehung setzen zu dem, was wir über unsere Bedürfnisse und unsere Charaktereigenschaften weiter in Erfahrung bringen.

4.1.2 Auswahl der Bedürfnisse

Wir wählen die für uns wichtigen Bedürfnisse aus. Dazu nutzen wir die entsprechende Tabelle in Anhang 3.

Es ist ein guter Richtwert, wenn wir für jede Gruppe (seelisch, sozial, geistig, ökologisch, materiell, spirituell) das für uns wichtigste Bedürfnis ermitteln. Die Auswahl treffen wir über Abfrage gegen den Zahlenkreis. Als Ergebnis erhalten wir für jede Gruppe eine Zahl, die auf das gewählte Bedürfnis in der Tabelle verweist.

Wir können durch andere Auswahlkriterien auch weitere Bedürfnisse dazunehmen oder Bedürfnisse einfach aufnehmen, wenn wir das Gefühl haben, dass sie für uns wichtig sind. Außerdem können wir die Tabelle der Bedürfnisse durch eigene Vorschläge ergänzen, wenn wir finden, dass ein wichtiges Bedürfnis fehlt. Für die ausgewählten Bedürfnisse ermitteln wir nun die Daten der Checkliste.

Bei der Bestandsaufnahme der Bedürfnisse geht es darum, herauszufinden, welches unsere wichtigen Bedürfnisse sind und ob sie von uns in einer Intensität gelebt werden, die ihrer Wichtigkeit entspricht. Dazu messen wir die Stärke der Bedürfnisse und das Maß, mit dem sie für uns erfüllt sind. Um festzustellen, ob wir Bedürfnisse auf die richtige Art leben, sehen wir uns ihr Umfeld näher an: die Ebene der Maslowschen Bedürfnishierarchie, die unsere Zielebene für ein Bedürfnis und damit die Basis für unsere Motivation darstellt, der Lebensbereich, der anzeigt, in welcher sozialen Umgebung das Bedürfnis am besten zur Geltung kommt und die Aktionsebene, die etwas darüber aussagt, in welcher Form wir einem Bedürfnis nachgehen sollten.

Außerdem prüfen wir, ob für die Bedürfnisse Fragen der Einstellung beeinflussend sind oder ob Einflüsse von außen, von anderen Bedürfnissen oder von Charaktermerkmalen da sind, die entweder fördernd oder beeinträchtigend wirken. Wir können dabei die Fragen der Checkliste erweitern und zusätzliche Fragen formulieren.

Für die ausgewählten Bedürfnisse gehen wir die Punkte der Checkliste durch (s. Checklistenformular in Anhang 3).

Zu Punkt 01 tragen wir Nummer und Bezeichnung des Bedürfnisses ein.

Punkt 02 ermitteln wir durch einfaches Ankreuzen.

Zu Punkt 03 fragen wir zuerst den Zahlenkreis ab, um die Ebene der Maslowschen Bedürfnisebene zu erhalten, dann gehen wir auf Ja/Nein, ob die Einbeziehung des Lebensbereichs und der Aktionsebene wichtig sind. Im positiven Fall erstellen wir eine Liste mit möglichen Vorschlägen, aus der durch das Pendel die zutreffenden Punkte ausgewählt werden. Für den Lebensbereich kann dies Familie, Freundeskreis oder Beruf sein, für die Aktionsebene kann beispielsweise für das Bedürfnis Kunst kreatives Schaffen, existenzielle Auseinandersetzung oder pädagogisches Interesse zuttreffend sein.

Punkt 04 und 05 sind Abfragen gegen die Prozentskala, um die Stärke des Bedürfnisses zu ermitteln.

Für die restlichen Punkte, in denen es um das Umfeld zu dem Bedürfnis geht, fragen wir zuerst über Ja/Nein auf Zutreffen ab. Im positiven Fall einer Ja-Antwort stellen wir weitergehende Überlegungen an, die wir dann durch Pendelabfrage zu bestätigen suchen. Zu Punkt 09 ermitteln wir über Pendel, ob konkurrierende Bedürfnisse da sind, also Bedürfnisse, die das aktuelle Bedürfnis störend beeinflussen. Zu Punkt 11 fragen wir, ob Störenergien durch Charaktermerkmale da sind.

Die Checkliste kann durch eigene Fragen ergänzt werden, wenn das zu einem besseren Verständnis führt.

Nach dem Durchgehen der Checkliste sollten wir durch die Ergebnisse größere Klarheit über das Bedürfnis erreicht haben. Um das Verständnis zu vertiefen, sollten wir die Ergebnisse in aller Ruhe durchgehen und darüber meditieren. Als Ablauf für die Meditation sollten wir alles vor unser geistiges Auge holen, was wir zu diesem Bedürfnis an Informationen gesammelt haben. Wenn wir die Meditation beginnen, sollten wir die Gedanken zu diesen Informationen loslassen. Wir sollten in die Meditation gehen in der Ausrichtung auf das Göttliche, oder wenn sich das besser anfühlt, auf die höchste Potenzialenergie, mit der Bitte um Klärung (s. dazu Abschnitt 4.3.7).

In der Meditation können Vorstellungen auftauchen, wie das Bedürfnis besser erfüllt werden kann, welche Ziele sinnvoll und möglich sind, welche Schritte wir unternehmen können, um den Zielen näherzukommen. Wir sollten solche Vorstellungen zusammen mit den Daten der Checkliste festhalten.

Zum Abschluss der Datenaufnahme sollten wir über Pendel feststellen, ob eine weitere Beschäftigung mit diesem Bedürfnis im Rahmen der laufenden Potenzialarbeit angezeigt ist. Auch dieses Ergebnis sollten wir festhalten.

Beispiel der Auswahl eines Bedürfnisses anhand des ökologischen Bedürfnisses Lebensreform (04/05)

Dieses Bedürfnis war als dasjenige ausgewählt worden, dessen Erfüllung die höchste Priorität unter den ökologischen Bedürfnissen der betreffenden Person hatte.

Die Ergebnisse der Abfragen gegen die Checkliste:
- 01 Bezeichnung Bedürfnis *04/05 (ökologisches Bedürfnis Lebensreform)*
- 02 Abfragegrund: *Priorität in der Gruppe*

- 03 Ebene der Maslowschen Bedürfnispyramide: *04 Achtung/ Wertschätzung*
- Spontan gewählte Zusatzfragen: Welcher Lebensbereich ist vor allem angesprochen? *Breiter sozialer Bereich, also über Familie und Bekanntenkreis hinausgehend.*
- Welche Aktionsebene steht im Mittelpunkt? *Spirituelle Themen erarbeiten.*
- 04 Stärke des Bedürfnisses: *85%*
- 05 Maß der Erfüllung des Bedürfnisses (Iststärke): *60%*
- 06 Gibt es äußere Hindernisse, die die Erfüllung des Bedürfnisses beeinträchtigen? *Keine*
- 07 Sind Fragen der Einstellung zu dem Bedürfnis zu klären? *Nein*
- 08 Gibt es Lebensziele, die für die Erfüllung des Bedürfnisses günstig sind bzw. solche, die ungünstig sind? *Günstig sind publizistische Aktivitäten*
- 09 Gibt es konkurrierende Bedürfnisse? *Nein*
- 10 Sind zur besseren Erfüllung des Bedürfnisses Fähigkeiten oder Kenntnisse zu entwickeln? *Nein*
- 11 Gibt es zu dem Bedürfnis Störenergien von Charaktermerkmalen? *Nein*

Auswertung:

Die aktuelle Ausprägung des Bedürfnisses liegt bei 60%. Die Stärke des Bedürfnisses liegt bei 85%. Diese Zahlen sind als Anzeiger dafür zu sehen, wie viel Entwicklung vom Ausgangspunkt aus möglich und anzustreben ist. Im konkreten Fall sagen die Zahlen, dass das Bedürfnis bereits leidlich erfüllt ist, aber noch Spielraum nach oben aufweist.

Aus den Ergebnissen der Abfragen lässt sich ableiten, dass publizistische Aktivitäten zum Thema spirituelle Ökologie dieses Bedürfnis für die betreffende Person am besten zu erfüllen versprechen. Mit spiritueller Ökologie ist auch die Ebene 04 der Maslowschen Bedürfnispyramide gut getroffen – der Natur Achtung und Wertschätzung entgegenzubringen.

Weitere Aktivitäten der Potenzialarbeit sind zu diesem Bedürfnis aktuell nicht erforderlich. Die Ziele sind geklärt, sie können gegebenenfalls durch Nachdenken, Gespräche oder Meditation präzisiert werden.

Zusammenfassung:
Die Ergebnisse der Abfragen zu den Bedürfnissen geben uns einen ersten Überblick über unsere aktuelle Bedürfnislage und Hinweise darauf, mit welchen Bedürfnissen wir uns näher beschäftigen sollten. Die Ergebnisse sollten wir festhalten, um sie später in der Potenzialarbeit mit heranzuziehen.

Bei den Bedürfnissen erleben wir es häufig, dass sich bereits in der Bestandsaufnahme eine Lösung ergibt. Das ist z. B. der Fall, wenn wir feststellen, dass wir ein bestimmtes Bedürfnis nicht oder zu wenig beachtet hatten. Dann können wir überlegen, in welcher Form wir diesem Bedürfnis besser gerecht werden und diese Überlegungen durch das Pendel bestätigen lassen.

4.1.3 Auswahl der Charaktermerkmale

Wir ermitteln die für uns wichtigen Charaktermerkmale über die Tabelle der Charaktereigenschaften in Anhang 3. Wir ermitteln sie in der Reihenfolge ihrer Wichtigkeit durch Abfrage gegen den Zahlenkreis und erhalten dabei die Nummer des zutreffenden Charaktermerkmals in der Tabelle. Zuvor fragen wir über das Pendel ab, wie viele Charaktermerkmale wir insgesamt erfassen sollten.

Der Unterschied zwischen Charaktermerkmal und Charaktereigenschaft sei hier nochmals erklärt: Charaktermerkmale sind Eigenschaftstypen, während Charaktereigenschaften die Ausprägung eines Typs bezeichnen. Dies dient nicht nur der Vereinfachung, sondern vor allem dazu, die Entwicklung eines Typs darstellen zu können: Wut und Gelassenheit sind beispielsweise die polaren Eigenschaften des Typs *Erregbarkeit* (Charaktermerkmal 25). Ziel der Potenzialarbeit wird hier sein, die Formen der Wut schwächer werden zu lassen und zu Stufen immer größerer Gelassenheit zu kommen.

Ziel der Potenzialarbeit für Charaktermerkmale ist vor allem, sie zu einer stärkeren Ausprägung zu bringen. Stärker bedeutet hier energiereicher in dem Sinn, dass in uns stärkere, positivere und intensivere Energien ausgelöst werden. Das heißt einerseits, dass die Grundgestimmtheit zu einem Charaktermerkmal auf eine höhere Energieebene gehoben wird, andererseits, dass die Bandbreite größer wird, mit der wir unsere Charaktermerkmale leben können – es stehen uns für unsere Reaktionen mehr Ausprägungen zur Verfügung. Um das an einem Beispiel zu verdeutlichen: Wenn es uns gelingt, das Charaktermerkmal *Erregbarkeit* zu stärken, stehen uns mehr Reaktionsmöglichkeiten zur Verfügung, die in Richtung Gelassenheit gehen.

Da der Weg zu einer stärkeren Ausprägung häufig über die Auflösung von Störenergien führt, prüfen wir, ob Störenergien da sind und ob es Einflüsse durch Bedürfnisse oder sonstige Einflüsse gibt, die zu berücksichtigen sind. Aus den Ergebnissen, die wir zu den Charaktermerkmalen ermitteln, können wir ableiten, ob Potenzialarbeit angeraten ist.

Es kann auch bei den Charaktermerkmalen sinnvoll sein, die Tabelle durch eigene Vorschläge zu ergänzen. Wir fragen das Pendel auf jeden Fall, ob ein wichtiges eigenes Charaktermerkmal in der Tabelle fehlt. Antwortet das Pendel mit Ja, werden wir durch Überlegen und Nachpendeln fehlende Charaktermerkmale finden und in die Abfragen einbeziehen. Wenn wir nur eine ungefähre Idee vom fehlenden Charaktermerkmal haben, können wir über Pendel danach fragen, mit welchem Charaktermerkmal der Tabelle das fehlende Charaktermerkmal die größte Ähnlichkeit hat.

Für die ausgewählten Charaktermerkmale gehen wir die Punkte der Checkliste durch (Checklistenformular s. Anhang 3).

Punkt 01 ist die Nummer und Bezeichnung des Charaktermerkmals.

Punkt 02 ermitteln wir durch einfaches Ankreuzen.

Punkt 03 und 04 sind Abfragen gegen die Prozentskala, um Ziel- und Iststärke des Charaktermerkmals zu ermitteln. Besteht eine große Differenz zwischen den beiden Werten, ist das als Aufgabe für die Potenzialarbeit zu sehen. Oft tritt eine große Differenz zwischen den beiden Werten gleichzeitig mit hohen Werten für Störenergie und Energiestau auf.

Für die Punkte 05 bis 08, in denen es um Störenergie geht, fragen wir zuerst über Ja/Nein auf Zutreffen ab. Im Fall einer Ja-Antwort ermitteln wir die Ergebnisse, wie in Abschnitt 2.2 ausgeführt.

Zu Punkt 09 und 10 fragen wir zuerst über Ja/Nein auf Zutreffen ab. Im Fall einer Ja-Antwort ermitteln wir bei Punkt 09 über den Zahlenkreis (zuerst nach der Gruppe, dann nach dem einzelnen Bedürfnis), welches Bedürfnis betroffen ist. Zu Punkt 10 stellen wir bei Ja-Antwort weitergehende Überlegungen über mögliche Einflüsse an, die wir dann versuchen, durch Pendelabfrage zu bestätigen.

Nach dem Durchgehen der Checkliste sollten wir – ähnlich wie bei den Bedürfnissen – durch Nachdenken oder in einer Meditation Klarheit über das Charaktermerkmal zu erreichen suchen, insbesondere die bei ihm vorhandene Störenergie zur Kenntnis nehmen. Wenn wir dazu meditieren, gilt für den Ablauf der Meditation das bei den Bedürfnissen Gesagte (s. S. 83).

In der Meditation können Vorstellungen auftauchen, die unser Verständnis für das Charaktermerkmal verbessern. Wir sollten solche Vorstellungen zusammen mit den Daten der Checkliste festhalten.

Abschließend sollten wir über das Pendel feststellen, ob wir uns mit diesem Charaktermerkmal im Rahmen einer weiteren

Potenzialarbeit beschäftigen sollten. Auch dieses Ergebnis sollten wir festhalten.

Anschließend setzen wir – wenn wir den Einstieg über Priorität gewählt haben – die Abfrage mit dem nächsten Charaktermerkmal fort.

**Beispiel der Auswahl eines Charaktermerkmals:
21 (Verhaltensstabilität)**
Dieses Charaktermerkmal war als eines der wichtigen für einen Klienten ausgewählt worden.

Checkliste der Fragen zu einem Charaktermerkmal:
- 01 Nummer und Bezeichnung des Charaktermerkmals: *21 (Verhaltensstabilität)*
- 02 Abfragegrund: *aufgrund der Priorität*
- 03 Zielstärke: *90 %*
- 04 Iststärke: *50 %*
- 05 Störenergie: *90 %*
- 06 Charaktermerkmal der Störenergie: *19 (Realitätsbezug)*
- 07 Energiestau: *90 %*
- 08 Frühkindliche Entstehung der Störenergie: *Ja*
- 09 Einfluss durch Bedürfnisse: *05/06 (materielles Bedürfnis Wohnen)*
- 10 Andere Einflüsse? *Keine*

Auswertung:
Die Abfrage gegen die Prozentskala nach der Iststärke des Charaktermerkmals, also der aktuellen Position zwischen schwacher und starker Ausprägung, ergibt 50, diejenige nach der Zielstärke 90. Die Abfrage gegen die Prozentskala auf vorhandene Störenergie ergibt 90, ein hoher Wert. Der vorhandene Energiestau ist mit 90 ebenfalls hoch. Die Abfragen auf Ja/Nein, ob die

Störenergie aus der frühkindlichen Erziehung kommt, wurden mit Ja beantwortet. Die Abfrage, ob die Störenergie durch andere Charaktermerkmale beeinflusst wird, wurde mit Ja beantwortet. Das Charaktermerkmal dazu ist 19 *Realitätsbezug*. Durch Abfrage zu Punkt 09 ergab sich ein Bezug zum Bedürfnis *Wohnen*. Die in diesem Fall ermittelte Maslow-Ebene ist 06 *Transzendenz*, es handelt sich also um einen spirituellen Zusammenhang.

Aus den Ergebnissen der Abfragen lässt sich ableiten, dass Spielraum da ist, dieses Charaktermerkmal weiter in Richtung auf Zuverlässigkeit zu entwickeln. Es ist außerdem wichtig, sich mit der Störenergie zu beschäftigen, die von Charaktermerkmal 19 *Realitätsbezug* kommt. Ebenso sollte der Zusammenhang zum Bedürfnis *Wohnen* konkret ermittelt werden. Es besteht also Anlass, sich mit diesem Charaktermerkmal in der Potenzialarbeit näher zu beschäftigen.

4.1.4 Zusammenschau und Beobachtung

Der Fokus der Bestandsaufnahme liegt darauf, erste bewusste Erfahrungen mit unseren Potenzialen zu machen. Wir haben damit den Einstieg in die Potenzialarbeit geschafft. Wir haben in stichpunktartiger Form Hinweise auf einige der Potenziale bekommen, die für uns wichtig sind und haben damit einen Orientierungsrahmen für weitere Abfragen, Beobachtungen und schließlich Bearbeitungen. Daraus können wir ableiten, mit welchen Potenzialen wir uns näher beschäftigen sollten, um sie auf eine bessere Art und Weise zur Geltung zu bringen.

Wir sollten uns Zeit nehmen, um das Neue einzuordnen. Nach der Durchführung der Bestandsaufnahme sollten wir die Ergebnisse auf uns wirken lassen – als eine schöpferische Pause. Nachdenken, Niederschreiben, Meditation, Spaziergänge und Gespräche mit Partner oder Freunden können uns helfen, die Dinge weiter zu klären. Wir sollten darauf achten, inwieweit sich im Alltag die Ergebnisse der Bestandsaufnahme mit unseren Erfahrungen decken.

Zu unseren Bedürfnissen und Charaktereigenschaften werden sich weitere Fragen ergeben, die wir mithilfe des Pendels, aber auch durch Nachdenken oder Meditation klären können. Wenn wir dabei Dinge feststellen, die wir bisher nicht erfasst haben, sollten wir unsere Aufzeichnungen ergänzen.

Wenn wir die Bestandsaufnahme zum ersten Mal gemacht haben, wird sich für uns eine neue Perspektive ergeben haben: Wir werden von geistigen Potenzialen beeinflusst, deren Wirkung auf uns wir abfragen und messen können. Im ersten Anlauf geht es nun darum, ein Gefühl dafür zu bekommen, was es heißt, von diesen Energien gesteuert zu werden und die Achtsamkeit zu entwickeln, das auch wahrzunehmen, um in geeigneter Form zu reagieren. Durch die Sicht auf unsere Potenziale als Energie lösen wir die unmittelbare Identifizierung mit ihnen auf. Das erleichtert uns die Vorstellung, sie auch ändern zu können. Die erste Zeit wird also eine der Beobachtung, des Einfühlens und der inneren Sammlung sein.

Wir sollten uns auch damit vertraut machen, wie uns das Bewusstsein durch alle Vorgänge der Potenzialarbeit begleitet und welches die Aktivitäten sind, mit denen wir die Potenzialarbeit durchführen. Das ist im Einzelnen in Abschnitt 4.3 ausgeführt.

Der Prozess der Potenzialentwicklung beginnt in dem Moment, in dem wir unser Bewusstsein auf unsere Potenziale richten. Wir wissen ja, dass es das Bewusstsein ist, das die Dinge in die Manifestation bringt.

Wir sollten uns auch darauf einstellen, das sich unser Unterbewusstsein bemerkbar macht und sich mit einer inneren Stimme meldet – das kann zu beliebigen Zeiten des Tages sein – mit Intuitionen zu Problemstellungen oder Lösungen, oft ganz beiläufig. Auf solche Momente sollten wir achten und die Intuitionen notieren, wenn sie für uns wichtige Hinweise enthalten.

Zu dem Verständnis der Arbeit mit den Potenzialen gehört auch, dass wir Dinge zwar schnell erkennen und verstehen können, dass es aber Zeit und Übung braucht, um sie zu verändern. Es wird auch einige Zeit dauern, bis wir gelernt haben, mit dem Pendel richtig umzugehen. Richtig in dem Sinn, dass wir die 'richtigen' Fragen stellen und mit den Antworten 'richtig' umgehen, indem wir beispielsweise unsere Intuition öffnen und zur Absicherung einer Antwort Zusatzfragen stellen.

Was unsere Bedürfnisse betrifft, haben wir vielleicht Anregungen erhalten, sie neu zu sehen. Wir sollten Hinweise bekommen haben, welches unsere wichtigen Bedürfnisse sind, und darauf, was die wirklichen Anliegen dieser Bedürfnisse sind. Und wir haben Hinweise bekommen, mit welchen Bedürfnissen wir uns näher beschäftigen sollten.

Etwas anders sieht es bei den Charaktermerkmalen aus. Da wir uns mit ihnen noch kaum direkt auseinandergesetzt haben, stehen wir da am Anfang. Vielleicht haben wir eine Ahnung über unsere Stärken und Schwächen bekommen – insbesondere dann, wenn wir unseren Enneagramm-Typ und das ihm zugeordnete Kern-Charaktermerkmal ermittelt haben.

Wir können damit beginnen, einzelne Charaktermerkmale gezielt zu beobachten, uns in sie einzufühlen. Das gilt vor allem für die Charaktermerkmale mit Störenergie. Sollten wir bezüglich der Zuordnung einer Störenergie unsicher sein, können wir die infrage kommenden Charaktermerkmale der Störenergie bei nächster Gelegenheit nachpendeln. Vielleicht schaffen wir es sogar, im Alltag bewusst auf Störenergie zu reagieren. Im nächsten Abschnitt zur laufenden Potenzialarbeit sehen wir, wie es uns gelingen kann, besser mit Störenergie zurechtzukommen und sie abzubauen.

Wir können auch damit beginnen, mit unseren Charaktermerkmalen ‚konstruktiv' zu arbeiten, indem wir beispielsweise über Pendel ermitteln, welche Charaktermerkmale an unseren komplexen Empfindungen wie Glück, Zufriedenheit oder (innerer) Frieden beteiligt sind und welches Charaktermerkmal

wir stärken sollten, wenn wir eine dieser Empfindungen ver-
vollkommnen wollten.

Bei unserem Wahrnehmen und Fühlen im Alltag geht es darum,
die Qualität der Energien unserer geistigen Potenziale, ihre Stärke, ihre Feinheit, ihre Dichte, ihre positive oder belastende Qualität etc. durch Fühlen wahrzunehmen. Um genauer zu sein: Wir
fühlen nicht die Potenziale, sondern unsere Reaktionen auf sie.
Diese Reaktionen machen sich als Gefühl bemerkbar. Es fühlt
sich angenehm an, wenn positiv besetzte Elemente unseres Potenzials angesprochen sind, unangenehm, wenn es um Ängste,
Unsicherheit, negative Erwartungen und ähnliches geht. Oft erleben wir eine Mischung unterschiedlicher Impulse. Im Lauf der
Zeit nehmen wir diese Impulse besser wahr. Wir sollten vermeiden, die entstehenden Gefühle zu bewerten – es genügt, das Gefühl wahrzunehmen, wenn wir uns darauf ausrichten. Wenn wir
dieses Einfühlen mit geschlossenen Augen durchführen, können
wir die Empfindungen besser wahrnehmen. Dabei können wir
Positives wie Freude, Glück, Zufriedenheit, Anerkennung empfinden, aber auch Anspannung, Druck, Angst oder ähnliches.
Auch dem sollten wir nachspüren und mit einer Reinigungsübung abschließen, um den entstandenen Energiestau wieder
aufzulösen (s. dazu Abschnitt 4.3.6). Sind wir unsicher, wie die
Empfindung einzuschätzen ist, können wir nachpendeln, welche Potenziale an ihr beteiligt waren. Bei all diesen Aktivitäten
spielt unsere Ausrichtung eine wichtige Rolle. Wenn wir konzentriert und entspannt sind und uns nicht ablenken lassen, werden wir die besseren Ergebnisse erzielen – das gilt nicht nur für
die Potenzialarbeit, sondern auch für den Alltag. Wenn wir uns
dazu mit Charaktermerkmal 40 *Ausrichtung* beschäftigen, um es
auf mögliche Verbesserungen zu untersuchen, ist das eine loh-
nende Investition in das Projekt Potenzialarbeit.

Vielleicht hatten wir das Glück, das eine oder andere Thema mit
der Bestandsaufnahme klären zu können. Jetzt geht es daran,
die laufende Arbeit an den geistigen Potenzialen aufzunehmen.

Durch die bisher ermittelten Ergebnisse werden wir ausreichend motiviert und neugierig sein, wie wir es anstellen können, unsere Charaktereigenschaften zu stärken, die Erfüllung unserer Bedürfnisse mit Ausrichtung auf unsere Ziele zu verbessern und beides, Charaktereigenschaften und Bedürfnisse, in ein harmonisches Miteinander zu überführen. Wie das im Einzelnen anzustellen ist, sehen wir im nächsten Abschnitt über die laufende Potenzialarbeit. Wir sollten das Pendel fragen, wann wir am besten damit beginnen.

Die Bestandsaufnahme wird keine einmalige Aktion sein. Im Rahmen der Potenzialarbeit sollten wir in größeren Abständen überprüfen, ob es Zeit für eine neue Bestandsaufnahme ist. Dies vor allem dann, wenn sich der eine oder andere Punkt durch unsere Arbeit an den Potenzialen erledigt hat. Wir sollten auf jeden Fall die Ergebnisse der Abfragen aufbewahren, um sie später mit neuen Messwerten und Abfrageergebnissen zu vergleichen. Daraus können wir gut den Erfolg unserer Potenzialarbeit ablesen.

4.2 Die laufende Potenzialarbeit

Mit den Ergebnissen der Bestandsaufnahme können wir nun die Arbeit an unseren geistigen Potenzialen fortsetzen. Zuvor sollten wir uns damit vertraut machen, welche Rolle das Bewusstsein bei unseren Aktivitäten spielt und welche Methoden und Techniken wir dabei anwenden. Das ist in Abschnitt 4.3 zusammengefasst.

Die laufende Potenzialarbeit findet auf drei Ebenen statt: einmal auf der Ebene der Bedürfnisse, dann auf der Ebene der Charaktermerkmale und schließlich auf der Ebene des Zusammenwirkens von Charaktermerkmalen und Bedürfnissen. Die Arbeit im Kontext des Enneagramms ist darin inbegriffen. Denn auch dabei geht es um Bedürfnisse und Charaktermerkmale. Für alle drei Ebenen sind im Folgenden Praxisbeispiele aufgeführt, die einen Eindruck über die Arbeit geben.

Auf welcher der drei Ebenen wir anfangen, sollten wir vom Pendel abklären lassen. Gerade am Anfang fehlt uns die Erfahrung, um zu beurteilen, welches der Potenziale oder welche Fragestellung zuerst bearbeitet werden sollte. Erfahrungsgemäß fällt die erste Wahl auf ein Charaktermerkmal, im Zusammenhang mit einer Störenergie. Das sind häufig die Bearbeitungen, aus denen wir den größten Gewinn ziehen.

Wenn wir uns allerdings gerade mit einer aktuellen Frage beschäftigen, wird das unsere Entscheidung entsprechend beeinflussen.

Als Richtwert für die laufende Potenzialarbeit gilt, dass wir uns zwei oder drei Potenziale vornehmen, um sie zu bearbeiten. Es sollten nicht mehr sein, als wir zeitnah bewältigen können. Gerade in der ersten Zeit der Bearbeitung eines Potenzials haben wir für das Klären der Situation und das Finden einer Lösung einigen Aufwand zu treiben. Ein neues Potenzial würden wir dazunehmen, wenn wir bei einem der in Bearbeitung befindlichen Potenziale in eine routinemäßige Bearbeitung oder Beobachtung übergehen oder wenn die Bearbeitung abgeschlossen werden konnte. Es kann auch der Fall eintreten, dass wir die Bearbeitung zu einem Potenzial unterbrechen, wenn aus einer aktuellen Situation heraus eine neue Bearbeitung ansteht. Das Pendel unterstützt uns bei der Entscheidung, welches Potenzial als nächstes bearbeitet werden sollte.

In der ersten Phase findet die Arbeit an den Potenzialen außerhalb des Alltags statt. Erst wenn wir Lösungen gefunden und eingeübt haben, können wir sie auch im Alltag anwenden. Das gilt vor allem für Charaktermerkmale (s. dazu die Abschnitte 4.3.2 bis 4.3.4). Für Bedürfnisse können wir die gefundenen Lösungen in vielen Fällen sofort im Alltag umsetzen. Das gilt freilich nicht, wenn Charaktermerkmale zu bearbeiten sind, die auf die Bedürfnisse beeinflussend wirken. Diese werden dann zuerst außerhalb des Alltags bearbeitet (s. dazu das Beispiel weiter unten).

Im Rahmen des Verfolgens der Entwicklung der Potenzialarbeit werden wir an das Pendel auch Fragen stellen, die mehr statistischen Charakter haben. Beispielsweise die Frage, welches Bedürfnis oder Charaktermerkmal im letzten Zeitraum die positivste Entwicklung genommen hat, oder die Frage, für welches Charaktermerkmal der stärkste Energiestau entstanden ist. Das wird unsere Aufmerksamkeit auf die entsprechenden Bedürfnisse oder Charaktermerkmale lenken.

4.2.1 Arbeit an einem Potenzial – Bedürfnis

Mithilfe des Pendels haben wir festgestellt, bei welchen Bedürfnissen eine bessere Erfüllung wünschenswert wäre. Für diese Bedürfnisse besteht häufig ein großer Abstand zwischen der Stärke des Bedürfnisses, also der Stärke, mit der es bei uns angelegt ist, und seinem Maß der Erfüllung, der Iststärke. Wenn wir im Rahmen der Bestandsaufnahme keine einfache Lösung gefunden haben, um diese Differenz zu verringern, gehen wir nun daran, eine Lösung zu finden, mit der wir den Erfüllungsgrad näher an die Stärke des Bedürfnisses heranführen.

Mit den Ergebnisdaten der Checkliste haben wir Hinweise darauf, wo die Möglichkeiten zur besseren Erfüllung des Bedürfnisses liegen.

Im einfachen Fall werden wir das erreichen, indem wir dem Bedürfnis die ihm gebührende Aufmerksamkeit schenken oder indem wir bestehende Zielkonflikte oder Störungen auflösen, z. B. störende Einflüsse durch bestimmte Charaktermerkmale. Sollten solche Einflüsse durch Charaktermerkmale vorliegen, werden wir dem in der Bearbeitung des betreffenden Charaktermerkmals nachgehen (s. Abschnitt 4.2.2).

In anderen Fällen ist zu überlegen, wie wir unser Verhältnis zu dem Bedürfnis neu gestalten können. Das kann sowohl durch eine Änderung unserer Einstellung als auch durch Anpassung bzw.

Neugestaltung unserer Aktivitäten geschehen, aber auch durch eine Änderung des Umfelds für dieses Bedürfnis. Oft kann sich ein Bedürfnis nur entwickeln, wenn ein geeignetes Umfeld da ist. In diesem Fall werden wir herauszufinden suchen, welche Art von Einflüssen es sind, die fördernd wirken.

Hier geht es also darum, unsere Vorstellungen zu erweitern, um neue Möglichkeiten zu entdecken, wie wir unsere Bedürfnisse so leben können, wie sie bei uns angelegt sind. Sowohl das Verstehen der Zusammenhänge als auch das Finden von Lösungen sind kreative Prozesse und durch Nachdenken oder mithilfe der Meditation zu lösen (s. Abschnitt 4.3.7). Gefundene Lösungsvorschläge sollten wir uns durch das Pendel bestätigen lassen.

Wichtige Anhaltspunkte für das Finden von geeigneten Lösungen sind die uns entsprechende Aktionsebene bei einem Bedürfnis und die Zielebene – also die Ebene der Maslowschen Bedürfnishierarchie.

Um dazu ein Beispiel zu geben: Bei einem Klienten war das Bedürfnis 02/07 (*Soziales Bedürfnis/Erleben*) als entwicklungsbedürftig ermittelt worden. Durch Pendeln nach der Aktionsebene ergab sich, dass das Erleben zusammen mit Freunden Erfüllung verspreche, durch Pendeln nach der Zielebene ergab sich die Ebene 05 (*Selbstverwirklichung*). Durch dieses Ergebnis wurden die weiteren Überlegungen in eine Erfolg versprechende Richtung gelenkt.

Es muss nicht bei den Fragen der Checkliste bleiben, wir können zusätzliche Fragen formulieren und zu klären versuchen. Wichtig ist auch die Klärung, inwieweit unsere Bedürfnisse dabei helfen können, unsere Lebensziele zu erreichen, ebenso wie die umgekehrte Frage, inwieweit unsere Ziele mit unseren Bedürfnissen vereinbar sind. Das sollte gegebenenfalls zu einem Überdenken oder Neujustieren unserer Ziele führen. Zu allen Fragen ziehen wir das Pendel hinzu, um sicherzustellen, dass wir auf der richtigen Spur sind. Für all diese Überlegungen sollten wir einen Ort und Zeitpunkt suchen, der Konzentration ermöglicht.

Wenn wir im Zusammenhang mit einem Bedürfnis von energetischer Arbeit sprechen, dann handelt es sich um die Arbeit an

Charaktermerkmalen, die auf das Bedürfnis beeinflussend wirken. Dabei wird entweder dem Bedürfnis durch ein Charaktermerkmal stärkende Energie zugeführt, oder es geht darum, störende Energie aufzulösen, die von einem Charaktermerkmal ausgeht. Es kommen dann die Regeln der Bearbeitung für Charaktermerkmale zur Anwendung (s. dazu das Beispiel weiter unten).

Die angepeilten Ziele für die Bedürfnisse erreichen wir im praktischen Erleben. Ob sich der Erfüllungsgrad eines Bedürfnisses verbessert hat, werden wir in aller Regel auch ohne Pendel merken. Sollten wir unsicher sein, können wir nachpendeln. Die gefundene Lösung muss nicht die endgültige sein. Es kann durchaus sein, dass sich als Ergebnis der Arbeit neue Ziele und damit neue Lösungen auftun. Auch dazu sollten wir das Pendel befragen.

Wir nehmen uns nun ein Bedürfnis zur Bearbeitung vor; am besten das Bedürfnis, das das Pendel ermittelt hat, sei es in der Bestandsaufnahme oder in einem aktuellen Zusammenhang. Wir haben die Daten der Checkliste erfasst. Wir haben dabei einige Stichpunkte zum Kontext in Erfahrung gebracht, in dem wir dieses Bedürfnis leben. Wir haben festgestellt, ob Einflüsse da sind, die sich auf das Bedürfnis auswirken. Sollten solche Einflüsse von einem Charaktermerkmal ausgehen, klären wir die Fragen dazu im Rahmen der Bearbeitung für Charaktermerkmale.

Beispiel für die Bearbeitung des sozialen Bedürfnisses Beruf (02/03)

Dieses Bedürfnis war ausgewählt worden, da der Klient sich in seinem Beruf unzufrieden fühlte.

Die Ergebnisse der Abfragen gegen die Checkliste:
- 01 Bezeichnung Bedürfnis: *02/03 (soziales Bedürfnis Beruf)*
- 02 Abfragegrund: *anlassbezogen*
- 03 Ebene der Maslowschen Bedürfnispyramide: *05 Selbstverwirklichung*

- 04 Stärke des Bedürfnisses: *90 %*
- 05 Maß der Erfüllung des Bedürfnisses (Iststärke): *45 %*
- 06 Gibt es äußere Hindernisse, die die Erfüllung des Bedürfnisses beeinträchtigen? *Keine*
- 07 Sind Fragen der Einstellung zu dem Bedürfnis zu klären? *Ja*
- 08 Gibt es Lebensziele, die für die Erfüllung des Bedürfnisses günstig bzw. solche, die ungünstig sind? *Keine*
- 09 Gibt es konkurrierende Bedürfnisse? *Nein*
- 10 Sind zur besseren Erfüllung des Bedürfnisses Fähigkeiten oder Kenntnisse zu entwickeln? *Nein*
- 11 Gibt es Störenergie von Charaktermerkmalen? *23 (Annahmebereitschaft)*

Checkliste zu Charaktermerkmal 23 (Annahmebereitschaft)

- 01 Bezeichnung des Charaktermerkmals: *23 (Annahmebereitschaft)*
- 02 Abfragegrund: *Störenergie zu Bedürfnis 02/03*
- 03 Zielstärke: *80 %*
- 04 Iststärke: *25 %*
- 05 Störenergie: *80 %*
- 07 Energiestau: *85 %*
- 08 Frühkindliche Ausprägung der Störenergie: *Ja*

Ausgangssituation:

Die aktuelle Ausprägung des Bedürfnisses liegt bei 45 %, seine Stärke bei 90 %. Diese Zahlen sind weniger als numerische Werte zu sehen, sondern als Anzeiger dafür, wie viel Entwicklung vom Ausgangspunkt aus möglich und anzustreben ist. Im konkreten Fall sagen die Zahlen, dass das Bedürfnis nicht gut erfüllt ist und einen großen Spielraum zur Entwicklung aufweist.

Es geht ein starker störender Einfluss vom Charaktermerkmal 23 *(Annahmebereitschaft)* aus, der sich als Ärger zeigt. Dieser Ärger ist in der frühkindlichen Erziehung angelegt. Mit der Aufgabe, den Ärger in Freundlichkeit umzuwandeln, ist gleichzeitig die Aufgabe der Einstellungsänderung zum Beruf angesprochen. Durch Pendeln wurde festgestellt, dass das Charaktermerkmal zuerst bearbeitet werden sollte.

Klärung:
Nun beginnt der Prozess des Wahrnehmens und Verstehens (s. dazu Abschnitt 4.3.2). Dem Klienten war nicht bewusst gewesen, dass er so stark vom Ärger geprägt war. Er hatte zwar bei sich öfter Ärger registriert, hatte das aber als eine normale Reaktion auf Ereignisse im betrieblichen Alltag angesehen. In der Meditation über das Charaktermerkmal *Annahmebereitschaft* kam heraus, dass die Atmosphäre, die in seiner Familie geherrscht hatte, stark von Ärger und fehlender Anerkennung geprägt war. In weiteren Meditationen über angespannte berufliche Gespräche der letzten Zeit wurde ihm klar, dass er in die Gespräche bereits mit der Befürchtung eines negativen Ergebnisses und in einer entsprechenden Stimmung hineingegangen war. Die Befürchtung hatte sich dann oft bestätigt und zu Enttäuschung und Ärger auf beiden Seiten geführt.

Die Abfrage an das Pendel ergab, dass als Maßnahme zur Stärkung des Charaktermerkmals *Annahmebereitschaft* die Verbindung mit seiner stärksten Ausprägung, der *Freundlichkeit,* geeignet ist.

Auf die Frage nach weiteren Aktivitäten wurde durch das Pendel die Verbindung mit der stärksten Ausprägung des Charaktermerkmals 02 *Einssein* – in der Form der *Selbstliebe* – als unterstützend ermittelt (s. dazu Abschnitt 4.3.3). Ein hoher Stand der Selbstliebe ist förderlich, vielleicht sogar Voraussetzung für authentische Freundlichkeit.

Zur Vorbereitung der Anwendung der Lösung meditierte der Klient über die starken Ausprägungen der beiden ausgewählten Charaktermerkmale, um die dabei erfahrene Energie und Gefühle in die Lösung einzubringen. Als Vorstellungsmuster für die Freundlichkeit nahm er Erfahrungen mit anderen Menschen, von denen er sich besonders freundlich behandelt fühlte.

Anwenden der Lösung:

Die Lösungen wurden von dem Klienten zunächst außerhalb des Alltags angewendet.

Als Erstes wurde die gestaute Energie bei Charaktermerkmal 23 mithilfe der Reinigungsübung aufgelöst (s. dazu Abschnitt 4.3.6). Als Ergebnis der Auflösung des Energiestaus hat sich die Iststärke des Charaktermerkmals *Annahmebereitschaft* von 45 auf 55 verbessert, das Maß für die Störenergie von 80 auf 75 verringert.

Anschließend kam die oben beschriebene Lösung zur Anwendung (s. dazu auch Abschnitt 4.3.4). Der Klient stellte sich auf die stärkste Ausprägung des Charaktermerkmals 23, die *Freundlichkeit,* ein, um mit dieser Energie das Charaktermerkmal zu stärken. Anschließend wiederholte er diesen Vorgang mit Charaktermerkmal 02 *Einssein* in der stärksten Ausprägung, der *Selbstliebe,* und ließ die Energie der Selbstliebe auf das zu stärkende Charaktermerkmal der *Annahmebereitschaft* fließen. Nach Ausführung dieser beiden Übungen über jeweils ca. eine Minute hat sich die Ausprägung des Charaktermerkmals *Annahmebereitschaft* von 55 auf 70 und die Iststärke des Bedürfnisses Beruf von 45 auf 60 verbessert. Daran ist zu sehen, dass bereits die Änderung der Einstellung zu einer besseren Erfüllung eines Bedürfnisses führen kann.

Das ist ohne Zweifel ein sehr gutes Ergebnis. Der Klient konnte die gefundene Lösung bereits im beruflichen Alltag praktisch umsetzen, mit positivem Gesprächsausgang. Die Anwendung des Beobachter-Bewusstseins (s. Abschnitt 4.3.5) war dabei sehr hilfreich.

Da es sich hier um eine lang eingeübte Verhaltensgewohnheit handelt, werden diese beiden Übungen und die Reinigungsübung den Klienten über einen längeren Zeitraum begleiten. Es werden weiter Situationen eintreten, in denen er in das alte Muster zurückfällt. In der Folge werden die Messwerte für die beteiligten Potenziale wieder etwas zurückgehen. Dann sind wieder Reinigung und Stärkungsübung durchzuführen. Dass sich die *Annahmebereitschaft* in der Ausprägung der *Freundlichkeit* bei dem Klienten stabilisiert hat, wird von ihm intuitiv wahrgenommen werden. Es wird auch daran abzulesen sein, dass die Iststärke auf einem hohen Wert bleibt, die Stärke der Störenergie kontinuierlich abnimmt und ein Energiestau seltener und weniger stark auftritt. Wenn dieser Punkt erreicht ist, ist zu prüfen, ob für dieses Bedürfnis weitere Aktivitäten sinnvoll sind.

Beispiel für die Bearbeitung des materiellen Bedürfnisses Wohnen (05/06)

Dieses Bedürfnis war als dasjenige ausgewählt worden, dessen Erfüllung bei einem Klienten die höchste Priorität in der Gruppe hatte.

Die Ergebnisse der Abfragen gegen die Checkliste:
- 01 Bezeichnung Bedürfnis: *05/06 (materielles Bedürfnis Wohnen)*
- 02 Abfragegrund: *Priorität in der Gruppe*
- 03 Ebene der Maslowschen Bedürfnispyramide: *06 Transzendenz*
  Nach Meditation gewählte Zusatzfrage: Welche Aktionsebene ist vor allem angesprochen? *Die geeignete Einstellung zum Wohnen leben.*
- 04 Stärke des Bedürfnisses: *90 %*
- 05 Maß der Erfüllung des Bedürfnisses (Iststärke): *60 %*
- 06 Gibt es äußere Hindernisse, die die Erfüllung des Bedürfnisses beeinträchtigen? *Keine*
- 07 Sind Fragen der Einstellung zu dem Bedürfnis zu klären? *Ja*
- 08 Gibt es Lebensziele, die für die Erfüllung des Bedürfnisses günstig bzw. solche, die ungünstig sind? *Keine*
- 09 Gibt es konkurrierende Bedürfnisse? *Nein*
- 10 Sind zur besseren Erfüllung des Bedürfnisses Fähigkeiten oder Kenntnisse zu entwickeln? *Keine*
- 11 Gibt es zu dem Bedürfnis Störenergie von Charaktermerkmalen? *Nein*

Ausgangssituation:
Die aktuelle Ausprägung des Bedürfnisses liegt bei 60%, seine Stärke bei 90%. Diese Werte zeigen, wie viel Entwicklung vom Ausgangspunkt aus möglich und anzustreben ist. Im konkreten Fall sagen sie, dass das Bedürfnis bereits leidlich erfüllt ist, aber noch einigen Spielraum nach oben aufweist. Die Ergebnisse der Abfragen zeigen weiter, dass vom Umfeld des Bedürfnisses keine störenden Einflüsse ausgehen.

Klärung:
Aus dem Ergebnis auf die Zusatzfrage wurde der Klient zunächst nicht schlau. Erst im Laufe von einigen Meditationen kristallisierte sich das Thema heraus: Wohnen ist ein allgemeines Prinzip, das zum Ausdruck bringt, dass ein materieller Rahmen erforderlich ist, damit sich – ganz allgemein – geistig-spirituelle Realität entwickeln kann. Ähnlich wie die Wohnung den materiellen Rahmen bildet, in dem sich unser Alltag ereignet, stellt unser Körper den materiellen Rahmen für unsere innere Realität dar. Damit ist die Änderung der Einstellung zu diesem Bedürfnis – auf der Ebene der *Transzendenz* der Maslowschen Bedürfnispyramide – angesprochen (s. dazu Abschnitt 4.3.2).

Zur besseren Erfüllung dieses Bedürfnisses haben sich über Meditation und anschließende Bestätigung durch das Pendel mehrere Aktivitäten herauskristallisiert: Erstens die oben beschriebene Einstellung zum Wohnen auf den eigenen Körper zu beziehen, zweitens – auf der materiellen Ebene – in der eigenen Wohnung Bilder und Symbole anzubringen, die diese Einstellung unterstützen und drittens dafür zu sorgen, dass in der Wohnung eine solche materielle Ordnung geschaffen wird, dass die geistig-spirituelle Realität nicht gestört wird (s. dazu Abschnitt 4.3.3).

Anwenden der Lösung:

Zufällig erhielt der Klient wenige Tage später ein schönes Bild, das genau in den Kontext passte und in der Wohnung platziert wurde. Zusammen mit der bewussten Änderung der Einstellung zum Wohnen – in direkter wie in übertragener Bedeutung – konnte die Iststärke des Bedürfnisses auf 82 % angehoben werden. Die Arbeit an diesem Bedürfnis ist damit nicht abgeschlossen, bedarf aber im Moment keiner weiteren Aktivitäten (s. dazu Abschnitt 4.3.4).

Zusammenfassung der laufenden Arbeit an Bedürfnissen:

Was unsere Bedürfnisse betrifft, verbessern wir mit der Potenzialarbeit unser Verständnis für sie und eröffnen uns neue Möglichkeiten, sie zu erfüllen, weil wir störende Einflüsse entdeckt haben, die uns nicht bewusst waren oder weil wir Ebenen kennengelernt haben, auf denen wir sie besser zur Geltung bringen können. Es geht dann nicht um ein Mehr vom Gewohnten, sondern um qualitativ neue Kategorien, andere Ebenen, die wir bisher nicht gesehen haben – wie z. B. den spirituellen Aspekt des Bedürfnisses *Wohnen* im obigen Beispiel. Das führt uns zu einem wichtigen Prinzip der energetischen Potenzialarbeit: Durch die Abfrage über das Pendel können wir unseren Aktionsbereich für unsere Potenziale entscheidend ausdehnen, da wir auch das Unbewusste und spirituelle Kategorien wie Selbstverwirklichung und Transzendenz in unsere Arbeit einbeziehen. Daran können wir in unserem Bemühen um eine Optimierung unserer geistigen Potenziale mit guter Aussicht auf Erfolg ansetzen.

Ob wir mit unserer Potenzialarbeit bei einem Bedürfnis erfolgreich waren, werden wir an einem positiven Gefühl dazu merken. Wir sehen es auch daran, dass sich der Wert für den Grad seiner Erfüllung verbessert hat. Diesen Wert messen wir mit dem Feld *Maß der Erfüllung des Bedürfnisses* in der Checkliste. Der Wert kann sich bereits dadurch ändern, dass wir eine neue Einstellung zu dem Bedürfnis gefunden haben. Im anderen Fall wird sich der Wert für das Bedürfnis erst ändern, wenn wir einen neuen praktischen Zugang zu ihm gefunden haben. In diesem Fall müssen wir uns gedulden, bis positive Veränderungen wirksam geworden sind.

Die Beispiele zeigen die Vorgehensweise bei der Arbeit an einem Bedürfnis. Manches an den gefundenen Lösungen ist nicht spektakulär, aber es lenkt unsere Aufmerksamkeit auf Bereiche, die wir zu wenig beachtet hatten. Und gerade deshalb sind sie wichtig.

4.2.2 Arbeit an einem Potenzial – Charaktermerkmal

Mithilfe des Pendels haben wir festgestellt, dass bei einem Charaktermerkmal eine stärkere Ausprägung wünschenswert wäre. Dokumentiert wurde das durch die Differenz zwischen Ziel- und Iststärke, oft im Zusammenhang mit einem hohen Wert für auftretende Störenergie. Ziel der Arbeit an einem Charaktermerkmal ist es, Lösungen zu finden, um durch energetische Beeinflussung möglichst nahe an seine Zielstärke heranzukommen, also an die Stärke, die wir erreichen können.

Die Potenzialarbeit zu den Charaktermerkmalen gestaltet sich meist aufwendiger als die für die Bedürfnisse. Das hat erstens den Grund, dass wir mit einzelnen Charaktermerkmalen meist keine bewusste Erfahrung haben, weder in der Wahrnehmung, noch im Handeln. Deshalb haben wir auch keine Übung darin, mit Charaktermerkmalen und den mit ihnen zusammenhängenden tief verwurzelten Gewohnheiten bewusst umzugehen. Zweitens brauchen wir einen längeren Atem, um merkbare Veränderungen zu erzielen. Es geht nicht nur darum, ein besseres Verständnis für die Charaktermerkmale zu bekommen und energetische Lösungen zur Stärkung der Charaktermerkmale zu finden. Es geht vor allem darum, diese Lösungen häufig zu wiederholen, um eine nachhaltige Stärkung zu erreichen. Gerade Letzteres setzt Erfahrung und Übung mit geistig-spirituellen Techniken voraus, die nicht bei allen Leserinnen und Lesern von vornherein vorhanden sein werden.

Folgerichtig unterscheiden wir für Charaktermerkmale zwei ausgeprägte Bearbeitungsphasen. Diejenige des Wahrnehmens und Verstehens (s. dazu Abschnitt 4.3.2), mit der wir immer die Arbeit zu einem Charaktermerkmal beginnen werden und die das Finden einer Lösung zum Ziel hat (s. dazu Abschnitt 4.3.3). Daran schließt sich diejenige des wiederholten Anwendens der Lösung und der energetischen Beeinflussung an, die sich in aller Regel über einen längeren Zeitraum erstreckt (s. dazu Abschnitt 4.3.4).

Den Aktivitäten des Wahrnehmens und Verstehens werden wir am besten in ruhiger Atmosphäre nachgehen. Den Aktivitäten des Anwendens werden wir vor allem anfangs ebenfalls außerhalb des Alltags nachgehen. Mit einiger Übung und Konzentration können wir manche der Übungen dann auch in den Alltag einbauen, z. B. mit einer Reaktion auf eine für uns kritische Situation, die wir mit einem geeigneten energetischen Impuls entschärfen (s. das folgende Beispiel).

Dazu kommt gerade bei Charaktermerkmalen das Verfolgen der Entwicklung, indem wir die erreichten Ergebnisse regelmäßig überprüfen und dokumentieren.

Wir wählen ein Charaktermerkmal zur Bearbeitung aus. Wir sollten das Charaktermerkmal nehmen, dem das Pendel die höchste Priorität zugewiesen hat bzw. das Charaktermerkmal, das wir im Zusammenhang mit einer aktuellen Fragestellung ermittelt haben.

Beispiel für die Bearbeitung des Charaktermerkmals 28 (Urteil)

Das Charaktermerkmal war für einen Klienten in der Bestandsaufnahme der Potenziale als jenes mit der höchsten Bearbeitungspriorität ausgewählt worden.

Checkliste zu dem Charaktermerkmal
- 01 Bezeichnung des Charaktermerkmals: *28 (Urteil)*
- 02 Abfragegrund: *aufgrund der Priorität*
- 03 Zielstärke: *90 %*
- 04 Iststärke: *65 %*
- 05 Störenergie: *80 %*
- 06 Charaktermerkmal der Störenergie: *17 (Prinzipientreue)*
- 07 Energiestau: *80 %*
- 08 Frühkindliche Ausprägung der Störenergie: *Ja*
- 09 Einfluss durch Bedürfnisse: *Keine*
- 10 Andere Einflüsse? *Keine*

Checkliste zu Charaktermerkmal 17 (Prinzipientreue)
- 01 Bezeichnung des Charaktermerkmals: *17 (Prinzipientreue)*
- 02 Abfragegrund: *Störenergie zu Charaktermerkmal 28*
- 03 Zielstärke: *90 %*
- 04 Iststärke: *55 %*
- 05 Störenergie: *80 %*
- 07 Energiestau: *80 %*
- 08 Frühkindliche Ausprägung der Störenergie: *Ja*

Ausgangssituation:
Das Pendelergebnis zur Iststärke von Charaktermerkmal 28 ist 65. Es liegt eine hohe Störenergie mit 80 und ein hoher Energiestau ebenfalls mit 80 vor. Durch Pendel wurde ermittelt, dass die Störenergie von Charaktermerkmal 17 *Prinzipientreue* ausgeht. Die Störenergie wird durch das Erleben von *Willkür*, der schwachen Ausprägung des Charaktermerkmals 17 ausgelöst. Diese Störenergie geht auf eine frühkindliche Prägung des Klienten zurück. Durch Pendeln wurde festgestellt, dass dieses Charaktermerkmal zuerst bearbeitet werden sollte.

Klärung:
Nun beginnt der Prozess des Wahrnehmens und Verstehens (s. dazu Abschnitt 4.3.2). In der Meditation über das Charaktermerkmal *Prinzipientreue* kamen zuerst Vorfälle zum Vorschein, bei denen Willkür erlebt wurde, überall dort, wo es um Vordrängen – im Straßenverkehr oder beim Anstehen in Warteschlangen – und um offensichtliche Benachteiligung ging.

In einer weiteren Meditation über die Ursachen für die Störenergie meldete sich bei dem Klienten die frühkindliche Prägung durch Erinnerungen an die Ohnmachtsgefühle angesichts der erlebten strengen Willkür des Vaters. Die Ursache für die starke Reaktion bei empfundener Willkür durch Handlungen anderer Menschen liegt also in der frühen Erfahrung einer gefühlten Herabsetzung.

In einer folgenden Meditation machte der Klient seine Einstellung zur Herabsetzung im Kontext von erlebter Willkür zum Thema. Dabei wurde ihm bewusst, dass es sich nicht um eine Herabsetzung und das Zeigen von Schwäche handelt, wenn man Willkürhandlungen ausgesetzt ist, sondern dass derjenige die Schwäche der Disziplinlosigkeit zeigt, der die Willkürhandlung begeht. Ein Leitsatz für eine Veränderung des Charaktermerkmals in Richtung auf eine starke Ausprägung fand sich in dem Satz „Mit gezeigter Schwäche liebevoll umgehen". Dieser Leitsatz wurde vom Pendel als wirksam erkannt, um die Störenergie aufzulösen (s. dazu Abschnitt 4.3.3).

Auf die Abfrage, ob weitere Aktivitäten zur Stärkung des Charaktermerkmals Urteil geeignet wären, wurde durch das Pendel die Verbindung mit der stärksten Ausprägung des Charaktermerkmals 02 *Einssein* – in der Form der *Selbstliebe* – als geeignet ermittelt. Es besteht also für den Klienten ein starker innerer Zusammenhang zwischen dem Zustand der Selbstliebe und der Ausprägung des Charaktermerkmals *Urteil*. Diesen Sachverhalt gilt es im Auge zu behalten.

Anwenden der Lösung:

Die Lösungen wurden zunächst außerhalb des Alltags angewendet.
Als Erstes wurde die gestaute Energie bei den beteiligten
Charaktermerkmalen mithilfe der Reinigungsübung aufgelöst (s.
dazu Abschnitt 4.3.6). Als Ergebnis der Auflösung der gestauten
Energie hat sich die Iststärke des Charaktermerkmals *Urteil* von
65 auf 70 verbessert, für Charaktermerkmal *Prinzipientreue* von
55 auf 65. Wir sehen, dass sich bereits durch die einfache Reinigungsübung die Ausprägung der beteiligten Charaktermerkmale
verbessert hat. Zugleich hat sich fühlbar die innere Kohärenz verbessert, der Energiefluss wurde als durchlässiger wahrgenommen.

Anschließend kam die oben beschriebene Lösung zur Anwendung (s. dazu Abschnitt 4.3.4). Mit gefühlter Anteilnahme still
nach innen gesprochen, verbesserte der gefundene Leitsatz die
Iststärke des Charaktermerkmals *Urteil* auf 90, die des Charaktermerkmals *Prinzipientreue* auf 85. Eine zusätzliche Stärkung durch
die Verbindung mit Charaktermerkmal 02 war nicht mehr nötig.

Das ist ohne Zweifel ein sehr gutes Ergebnis. Es muss sich aber
auch außerhalb des eigenen Meditationszimmers bewähren. Das
gilt es im Alltag praktisch umzusetzen. Der Klient wird darauf
achten, dass er den Leitsatz in einer Situation aufruft, in der er
Willkür erlebt. Dabei hilft das Beobachter-Bewusstsein (s. dazu
Abschnitt 4.3.5).

Auf jeden Fall war die Erkenntnis wichtig, dass Willkürhandlungen anderer für den davon Betroffenen keine Herabsetzung
bedeuten, sondern eine charakterliche Schwäche des willkürlich Handelnden darstellen. Das führte zu einer positiven Einstellungsänderung diesem Charaktermerkmal gegenüber. Durch
den Rückgriff auf den gefundenen Leitsatz kann der Klient Störenergie künftig, wenn nicht vermeiden, so doch reduzieren.
Durch regelmäßige Abfrage der Stärke der Störenergie und des
Energiestaus kann der Klient überprüfen, ob sich die Störenergie tatsächlich auflöst.

Im Moment ist für diese beiden Charaktermerkmale nichts
weiter zu tun. Abzuwarten ist der nächste Fall mit erlebter

Willkürhandlung durch andere Menschen. Wenn es wieder zu einem Energiestau und einer Abschwächung der Ausprägung der beiden Charaktermerkmale kommt, ist erneut die Reinigungsübung durchzuführen.

Sollte sich auf Dauer keine deutliche Verbesserung ergeben, ist mithilfe des Pendels zu prüfen, ob die Anwendung der Lösung geändert werden sollte: ob etwa die Achtsamkeit zu verbessern oder der Leitsatz mit besserer innerer Ausrichtung zu sprechen wäre, oder ob ggf. eine neue Lösung gefunden werden sollte.

Beispiel für die Bearbeitung des Charaktermerkmals 26 (Einhalten von Grenzen):

Der Anlass, das Charaktermerkmal 26 *Einhalten von Grenzen* zu bearbeiten, ergab sich bei mir selbst durch eine aktuelle Problemsituation: Anlässlich einer Autofahrt entstand bei mir eine große Anspannung und Gereiztheit, die sich in Unmutsäußerungen entlud. Auf die Frage an das Pendel, welches Charaktermerkmal dafür als hauptsächlich verursachend anzusehen ist, ergab sich die 26 *Einhalten von Grenzen*.

Checkliste zu dem Charaktermerkmal

- 01 Nummer und Bezeichnung des Charaktermerkmals: *26 (Einhalten von Grenzen)*
- 02 Abfragegrund: *anlassbezogen*
- 03 Zielstärke: *80 %*
- 04 Iststärke: *60 %*
- 05 Störenergie: *80 %*
- 06 Charaktermerkmal der Störenergie: *28 (Urteil)*
- 07 Energiestau: *80 %*
- 08 Frühkindliche Ausprägung der Störenergie: *Ja*
- 09 Einfluss durch Bedürfnisse: *Keine*
- 10 Andere Einflüsse? *Keine*

Checkliste zu Charaktermerkmal 28 (Urteil)
- 01 Bezeichnung Charaktermerkmal: *28 (Urteil)*
- 02 Abfragegrund: *Störenergie zu Charaktermerkmal 26*
- 03 Zielstärke: *90%*
- 04 Iststärke: *60%*
- 05 Störenergie: –
- 06 Energiestau: *80%*
- 07 Frühkindliche Ausprägung der Störenergie: *Ja*

Ausgangssituation:

Die Abfrage gegen die Prozentskala nach der Iststärke des Charaktermerkmals, also der aktuellen Position zwischen schwacher und starker Ausprägung, ergab 60, diejenige nach der Zielstärke 80. Die Abfrage gegen die Prozentskala auf vorhandene Störenergie ergab 80, ein hoher Wert. Die Abfrage, ob die Störenergie durch andere Charaktermerkmale beeinflusst wird, wurde ebenfalls mit Ja beantwortet. Das entsprechende Charaktermerkmal ist 28 *Urteil*, dessen Iststärke ist 60. Der vorhandene Energiestau war mit 80 ebenfalls hoch. Die Abfrage auf Ja/Nein, ob die Störenergie aus der frühkindlichen Erziehung herrührt, wurde mit Ja beantwortet.

Aus den Ergebnissen der Abfragen lässt sich ableiten, dass Spielraum da ist, dieses Charaktermerkmal weiter in Richtung auf *Güte* zu entwickeln. Es ist außerdem wichtig, sich mit der Störenergie zu Charaktermerkmal 26 zu beschäftigen.

Klärung:

Der Prozess des Wahrnehmens und Verstehens (s. dazu Abschnitt 4.3.2) begann mit einer Meditation über das Auftreten der Störenergie in der Vergangenheit. Dabei kam als Beispiel zum Vorschein, dass sich der Kontrollverlust in zu schnellem Autofahren ausdrückt (*Kontrollverlust* durch Nichtbeachten von Grenzen). Dadurch entstehen Gereiztheit und Aggressivität, die sich an anderen, anscheinend oder tatsächlich Fehler begehenden Autofahrern entlädt (*Strenge* als nicht angemessenes Urteil).

In einer weiteren Meditation zum Thema Strenge kamen Erinnerungen und Frustrationsgefühle an die erlebte Strenge des Vaters hoch.

In einer darauf folgenden Meditation zu der Problemstellung des harten und unbegründeten Urteils kam der Leitsatz hoch: „Jeder macht seine Sache, so gut er kann." (s. dazu Abschnitt 4.3.3).

Anwenden der Lösung:
Ich habe die Lösung zunächst außerhalb des Alltags angewendet.

Mithilfe der Reinigungsübung konnte ich die gestaute Energie auflösen und die Iststärke bei beiden Charaktermerkmalen um 10 auf jeweils 70 erhöhen (s. dazu Abschnitt 4.3.6).

Anschließend habe ich den Leitsatz angewendet (s. dazu Abschnitt 4.3.4) und in den aktuell zurückliegenden Vorfall ‚hineingefühlt'. Dadurch erhöhte sich die Iststärke der Charaktermerkmale 26 und 28 von 70 auf 80.

Ich habe mir in der Folge zur Gewohnheit gemacht, den gefundenen Leitsatz immer schon bei Fahrtantritt zu Herzen zu nehmen. Binnen weniger Wochen ging die Störenergie von Charaktermerkmal 26 von 80 auf 20 zurück, was sich in einer deutlich geringeren Reizbarkeit bemerkbar machte.

Daran ist zu sehen, dass oft mit geringem Aufwand deutliche Verbesserungen erzielt werden können. Die Kombination der beiden Charaktermerkmale 26 und 28 werde ich jedenfalls weiter beobachten und gegebenenfalls – im Fall eines neuerlichen Kontrollverlusts – die oben beschriebenen Übungen durchführen.

**Beispiel für die Bearbeitung
des Charaktermerkmals 31 (Achtung):**
Im konkreten Fall geht es um die Bearbeitung der Kernschwäche
des Enneagrammtyps Acht, auch bei mir selbst. Enneagrammtyp
Acht hat die Lebensaufgabe, Ungerechtigkeiten aufzudecken, Gerechtigkeit herzustellen und anderen zu helfen. Die Kernschwäche der Acht ist die Übergriffigkeit, der fehlende Respekt vor
anderen. Anlass für die Beschäftigung mit dem Charaktermerkmal war ein Gespräch, in dessen Verlauf mir Übergriffigkeit von
meiner Seite aus deutlich gemacht wurde.

Checkliste zu dem Charaktermerkmal
- 01 Nummer und Bezeichnung Charaktermerkmal: *31 (Achtung)*
- 02 Abfragegrund: *anlassbezogen, Enneagramm*
- 03 Zielstärke: *90 %*
- 04 Iststärke: *60 %*
- 05 Störenergie: *70 %*
- 06 Charaktermerkmal der Störenergie: *18 (Einordnung)*
- 07 Energiestau: *80 %*
- 08 Frühkindliche Ausprägung der Störenergie: *Nein*
- 09 Einfluss durch Bedürfnisse: *Keine*
- 10 Andere Einflüsse? *Keine*

Checkliste zu Charaktermerkmal 18 (Einordnung)
- 01 Bezeichnung Charaktermerkmal: *18 (Einordnung)*
- 02 Abfragegrund: *Störenergie zu Charaktermerkmal 31*
- 03 Zielstärke: *90 %*
- 04 Iststärke: *50 %*
- 05 Störenergie: *–*
- 06 Energiestau: *50 %*
- 07 Frühkindliche Ausprägung der Störenergie: *Nein*

Ausgangssituation:
Die Abfrage gegen die Prozentskala nach der Iststärke des Charaktermerkmals, also der aktuellen Position zwischen schwacher und starker Ausprägung, ergab 60, diejenige nach der Zielstärke 90. Die Abfrage gegen die Prozentskala auf vorhandene Störenergie ergab für die aktive Ausprägung 70. Der vorhandene Energiestau war mit 80 hoch. Mit dem Pendel habe ich ermittelt, dass die Störenergie von Charaktermerkmal 18 *Einordnung* ausgeht und durch eine weitere Abfrage herausgefunden, dass die Störenergie durch die Nicht-Stimmigkeit in der Beziehung zu anderen Menschen ausgelöst wird. Die Abfrage auf Ja/ Nein, ob die Störenergie aus der frühkindlichen Erziehung herrührt, wurde mit Nein beantwortet.

Klärung:
Vor allem zu Beginn der Arbeit des Wahrnehmens und Verstehens (s. dazu Abschnitt 4.3.2) war es wichtig, mich in dieses zentrale Charaktermerkmal der Acht, die Einstellung anderen gegenüber, einzufühlen und zwar sowohl in seiner schwachen als auch seiner starken Ausprägung. Das Ziel der Potenzialarbeit ist hier, die *Übergriffigkeit* der Acht in *Respekt* umzuwandeln.

Mit dem Pendel habe ich das Thema bestimmt, um das es in der Potenzialarbeit zunächst geht, in diesem Fall *Respekt*. Durch Pendel wurde das Charaktermerkmal 18 *Einordnung* als dasjenige bestimmt, das so umgewandelt werden sollte, dass die Ordnung in den Beziehungen zwischen den Menschen anerkannt und respektiert wird.

Nach einigen Meditationen habe ich einen Leitsatz gefunden, der mir hilft, mit meiner Kernschwäche besser umzugehen: „Jedes Wesen verdient Respekt." (s. dazu Abschnitt 4.3.3).

Zusätzlich habe ich durch das Pendel ermittelt, dass als Maßnahme zur zusätzlichen Stärkung des Charaktermerkmals *Achtung* die Verbindung mit *liebevoller Zuwendung* geeignet ist, der stärksten Ausprägung des Charaktermerkmals 01 *Zugewandtsein*.

Anwenden der Lösung:
Ich habe die Lösung zunächst außerhalb des Alltags angewendet. Mithilfe der Reinigungsübung konnte ich die gestaute Energie auflösen und die Iststärke bei beiden Charaktermerkmalen um 10 auf 70 bzw. 60 erhöhen (s. dazu Abschnitt 4.3.6). Durch das innere Sprechen des Leitsatzes und die ein bis zwei Minuten lang durchgehaltene gefühlte Verbindung mit der stärksten Ausprägung des Charaktermerkmals 01, der *liebevollen Zuwendung* hat sich die Iststärke bei beiden Charaktermerkmalen um weitere 10 auf 80 bzw. 70 erhöht. Durch die mehrfache Wiederholung der beiden Übungen hat sich im Lauf von wenigen Monaten die Stärke der Störenergie von 70 auf 25 verringert.

Wenn ich mir den gefundenen Leitsatz bei Begegnungen mit anderen Menschen innerlich vorspreche, ändert sich mein Zugang zu ihnen. Mein ‚Störprogramm‘ bekommt einen spürbaren Korrekturimpuls. Gleichzeitig verbessert sich meine Wahrnehmung für alles, was mit Respekt zu tun hat.

Dass wir uns gezielt mit Demut, Respekt und anderen Tugenden beschäftigen, klingt fast aus der Zeit gefallen. Die Zeit der Tugend- und Sündenkataloge ist schließlich lange vorbei. Es ist aber wichtig, dass wir uns vor Augen führen, worum es geht, wenn wir z. B. Demut entwickeln. Mut ist sowohl im Hochmut, als auch in der Demut enthalten. Im ersten Fall ist es Mut aus einer Position der (scheinbaren) Überlegenheit, im zweiten Fall im Wissen um die eigene Fehlbarkeit. Es geht aber nicht darum, uns kleinzumachen, sondern darum, uns selbst als fehlbar Respekt entgegenzubringen, uns so anzunehmen und wertzuschätzen, wie wir sind und dies dann auf unsere Mitmenschen, auf die gesamte Natur auszudehnen. Wir haben es fast vergessen, die Anthropologie hat uns erst wieder daran erinnert, dass diese Haltung eigentlich die natürliche ist und auch Ansehen und positive Zuwendung schafft, im Gegensatz zu derjenigen von Dominanz und Durchsetzung – in deren Folge Hochmut entsteht – die heute noch vielfach als wünschenswert, da Erfolg versprechend gilt.

Zusammenfassung der laufenden Arbeit für Charaktermerkmale:

Die Beispiele zeigen die Vorgehensweise bei der Potenzialarbeit, bezogen auf Charaktermerkmale. Die Systematik der Fragestellungen, der Pendelabfragen und der inneren Arbeit ist immer ähnlich.

Durch die Potenzialarbeit erreichen wir, dass uns die starken Ausprägungen unserer Charaktermerkmale im Alltag mehr Energie und mehr Zufriedenheit geben. Eine besondere Rolle spielen dabei die ersten drei der Charaktermerkmale: *Zugewandtsein* (mit *liebevoller Zuwendung)*, *Einssein* (mit *Selbstliebe*) und *Erwartungshaltung* (mit *Vertrauen*). Sie haben die stärkste Energie und werden von den spirituellen Systemen zu Recht als zentral für unseren Charakter angesehen. Indem wir uns auf diese Potenziale einstellen – in ihrer stärksten Ausprägung – oder auf ein anderes der Potenziale, das uns besonders am Herzen liegt, und die Energie fühlen, die aus diesen Potenzialen zu uns kommt, empfangen wir Zuversicht und stärken uns mit dieser Energie im Alltag.

Einen wichtigen Beitrag zur Stärkung der Charaktermerkmale leistet die Auflösung der Störenergie. Dadurch verbessert sich der Energiefluss und damit der Fluss der stärkenden Energie.

Ob wir mit unserer Potenzialarbeit bei einem Charaktermerkmal erfolgreich waren, sehen wir daran, dass sich die Werte der Checkliste für Iststärke, Maß des Energiestaus und der Störenergie verbessert haben. Wenn wir diese Werte im Zeitablauf vergleichen, können wir eine Entwicklung feststellen. Dazu sollten wir regelmäßig – vielleicht wöchentlich – die aktuellen Werte zu jenen Charaktermerkmalen ermitteln und festhalten, die wir gerade in Bearbeitung haben.

Im Übrigen sollten wir uns nicht davon entmutigen lassen, wenn schnelle Erfolge ausbleiben. Wir haben es mit lang geübten Gewohnheiten zu tun, die sich nur langsam und über einen längeren Zeitraum verändern lassen. Unter Umständen ist es angebracht, neu zu überlegen, wenn sich über längere Zeit keine Änderung feststellen lässt und wir das Gefühl haben, nicht voranzukommen.

Es ist, denke ich, in den Beispielen deutlich geworden, worin die Vorzüge der Potenzialarbeit mit dem Pendel liegen. Mithilfe des Pendels können wir gezielt die Schwachstellen bei unseren Charaktermerkmalen identifizieren, Lösungen zu ihrer Stärkung finden und auf Eignung prüfen, um sie dann als einfache energetische Übungen anzuwenden.

4.2.3 Arbeit, die sich auf mehrere Potenziale bezieht

Eine dritte Ebene der Potenzialarbeit ist die des Zusammenwirkens von Potenzialen.

Hier geht es darum, die innere Kohärenz zu verbessern – also die Fähigkeit, im Gleichklang zu schwingen – und damit die Durchlässigkeit für die Potenzialenergien herzustellen. Das erreichen wir, indem wir Spannungen und gegensätzliche Wirkungen zwischen den Potenzialen aufspüren und auflösen. Wir werden unsere geistigen Potenziale dahingehend untersuchen, wie sie besser miteinander harmonieren. Dazu sollten wir Fragen stellen und durch das Pendel klären lassen, ob es zwischen Charaktermerkmalen, zwischen Bedürfnissen, zwischen Charaktermerkmalen und Bedürfnissen oder zwischen Charaktermerkmalen im Kontext des Enneagramms zu Beeinträchtigungen oder Spannungszuständen kommt. Je nachdem, ob die Lösungsebene bei den Bedürfnissen oder bei den Charaktermerkmalen liegt, kommen entweder die vorne beschriebenen Bearbeitungstechniken für Bedürfnisse oder die für Charaktermerkmale zur Anwendung.

Beispiel für die Bearbeitung eines Konflikts zwischen Bedürfnis und Charaktermerkmal:

Ein Klient stellte die konkrete Frage, ob es bei ihm zwischen Bedürfnissen und Charaktermerkmalen Konflikte gäbe und wenn ja, welche Paarung Bedürfnis/Charaktermerkmal am stärksten betroffen wäre. Tatsächlich zeigte sich bei diesem Klienten durch Pendeln eine solche Konfliktsituation zwischen dem Bedürfnis 04/06 *Naturspiritualität* und dem Charaktermerkmal 17 *Prinzipientreue*. Sowohl Bedürfnis als auch Charaktermerkmal sind für den Klienten wichtige Potenziale: Die Iststärke des Bedürfnisses ist 60, die des Charaktermerkmals 55. Erst durch Meditation konnte der Hintergrund dieser Fragestellung geklärt werden: Es geht um einen Gegensatz zwischen der Ordnung der Natur und dem Verständnis für diese Ordnung. Vom Klienten wird keine Ordnung der Natur erlebt, sie wird von ihm als willkürlich und ohne tieferen Sinn gesehen.

Die nächste Frage war, ob die Lösung des Konflikts von der Seite des Bedürfnisses oder von der des Charaktermerkmals ausgehen sollte. Die Frage an das Pendel ergab, dass die Lösung vom Bedürfnis ausgehen sollte. Beim Klienten kam in der Meditation eine Intuition hoch, dass die Lösung in der intensiveren Einfühlung in die Natur liege. Das wurde in einer weiteren Meditation bestätigt. Der Konflikt zwischen Bedürfnis *Naturspiritualität* und Charaktermerkmal 17 *Prinzipientreue* kann aufgelöst werden, wenn sich der Klient im Beobachter-Bewusstsein (s. dazu Abschnitt 4.3.5) geistig-fühlend mit den Vorgängen verbindet, die er im Alltag erlebt, vor allem auch in Bezug auf die Natur. Diese Lösung wurde vom Pendel positiv bestätigt und nachdem sich der Klient in die Problemstellung einfühlte, konnten sowohl für das Bedürfnis, als auch für das Charaktermerkmal hohe Iststärken ermittelt werden.

Es sei hier angemerkt, dass die Bearbeitung nicht durch ein wahrgenommenes Problem veranlasst wurde, sondern auf eine eher technische Frage nach Konfliktsituationen zurückging. Dass hier tatsächlich ein Konflikt vorlag, war dem Klienten gar nicht bewusst. Er wurde erst durch das Pendel darauf hingewiesen. Dessen ungeachtet wurde die gefundene Lösung von dem Klienten als eine große Öffnung und Bestärkung gesehen. Der Vollständigkeit halber sei an dieser Stelle angemerkt, dass die hohen durch die Bearbeitung erreichten Werte für die Potenziale nur

Bestand haben werden, wenn es gelingt, die gefundenen Verhaltensweisen, in diesem Fall also die intensivere Einfühlung in die Natur, beizubehalten.

Beispiel für die Bearbeitung eines Konflikts zwischen Enneagramm und Charaktermerkmal:

Für einen Klienten wurde ein Konflikt ermittelt, der sich im Zusammenhang mit seinem Enneagramm-Typ Acht als Störenergie zeigte. Die Störung ging von zwei Charaktermerkmalen aus. Die Frage nach Störenergien war ohne konkreten Anlass im Rahmen der Bestandsaufnahme gestellt worden.

Zunächst wurde die Zahl der beteiligten Charaktermerkmale mit zwei ermittelt. Dann wurden die beiden Charaktermerkmale ermittelt. Es handelte sich um 19 *Realitätsbezug* und 26 *Einhalten von Grenzen*, beide mit der Iststärke 55 und beide mit einem hohen Energiestau, aber ohne fremde Störenergie.

Durch Überlegen und Nachpendeln konnte der verursachende Zusammenhang geklärt werden: Der fehlende Realitätsbezug zeigte sich im geistigen Bereich und zwar als Vorurteil der Überlegenheit der eigenen Meinung. Das führte in der Folge zu einer vorurteilsbelasteten, nicht offenen Kommunikation.

Die Durchführung der Reinigungsübung (s. dazu Abschnitt 4.3.6) verbesserte die Iststärke der beiden Charaktermerkmale auf 65.

Die weitere Abfrage, durch welches Charaktermerkmal die beiden Charaktermerkmale gestärkt werden könnten, ergab *liebevolle Zuwendung* (Charaktermerkmal 01 *Zugewandtsein*). Die Ausrichtung auf die beiden Charaktermerkmale mit liebevoller Zuwendung in einer kurzen Meditation verbesserte die Iststärke der beiden Charaktermerkmale weiter auf 80.

Zusammenfassung der laufenden Arbeit an mehreren Potenzialen:

In den obigen Beispielen und im Zusammenhang mit den dort aufgeworfenen Fragen wird deutlich, dass uns viele Hindernisse gar nicht bewusst sind, die der gedeihlichen Entwicklung unserer geistigen Potenziale im Weg stehen. Das ist die Stärke der Arbeit mit dem Pendel, dass wir damit auch solche Hindernisse und Probleme erkennen und auflösen können.

Ob wir mit dieser Arbeit an den Zusammenhängen zwischen den geistigen Potenzialen erfolgreich waren, können wir daran ablesen, dass sich die Werte für Iststärke, Maß des Energiestaus und der Störenergie bei den beteiligten Charaktermerkmalen sowie dem Maß der Erfüllung bei den beteiligten Bedürfnissen verbessern. Diese Werte messen wir über die entsprechenden Felder der Checklisten. Zusätzlich können wir durch Messung Auswirkungen auf die Werte für das Enneagramm feststellen, wenn dieses mit Gegenstand der Bearbeitung war.

Auch an diesen letzten Beispielen zeigt sich, dass es in der Potenzialarbeit oft nicht um spektakuläre Ergebnisse geht, sondern mehr darum, dass wir darauf hingewiesen werden, achtsam auf die Potenziale einzugehen und damit eine Erfahrung der inneren Ordnung zu erlangen.

4.3 Methoden und Techniken der Potenzialarbeit

Wir kommen nun zu den Methoden und Techniken der Potenzialarbeit. Einige der hier aufgeführten Übungen kommen aus der Praxis des Yoga und damit aus einer jahrhundertealten Tradition, die sich früh auch praktisch mit dem Bewusstsein auseinandergesetzt hat. Aber natürlich leitet sich daraus kein Anspruch auf Alleingültigkeit ab. Es sind auch andere Übungen denkbar, die dabei helfen können, auf geistigem Weg – durch Fokussierung und Innenschau – die Potenziale zu stärken.

Das Bewusstsein ist die zentrale Stelle, von der die Potenzialarbeit ausgeht. Um in Fühlung mit unseren geistigen Potenzialen zu kommen, um sie im Zusammenwirken zu stärken und zu entwickeln, richten wir uns nach innen aus, wo die Potenzialereignisse stattfinden.

Im nächsten Abschnitt werden wir uns daher zunächst mit den verschiedenen Facetten des Bewusstseins beschäftigen, mit denen wir es in der Potenzialarbeit zu tun haben.

In den Abschnitten 4.3.2 bis 4.3.4 sehen wir, wie die Facetten des Bewusstseins in den typischen Aktivitäten der Potenzialarbeit zur Anwendung kommen.

In den Abschnitten 4.3.5 bis 4.3.7 werden die spezifischen Techniken der Potenzialarbeit beschrieben: das Beobachter-Bewusstsein, die Reinigungsübung und die Meditation. Es bedarf einiger Vorbereitung und Übung, bis wir diese Techniken gut beherrschen.

4.3.1 Facetten des Bewusstseins

Was wissen wir vom Bewusstsein? Was können wir überhaupt von ihm wissen? Wie die Potenzialfelder der Quantenwelt ist Bewusstsein nicht direkt nachweisbar. Wie die Elemente der Quantenwelt ist auch Bewusstsein nur an den Erscheinungsformen seiner Wirkungen erkennbar. Einige dieser Erscheinungsformen spielen in der Potenzialarbeit eine besondere Rolle. Auf sie wollen wir im Folgenden eingehen.

Wenn wir vom Bewusstsein sprechen, meinen wir üblicherweise das Ich-Bewusstsein. Mit ihm sind wir stark im Außen verankert. Wir gehen unseren Tätigkeiten nach und reagieren auf unser Umfeld. Wir denken, fühlen und handeln. Das geschieht meist, ohne dass es uns im Einzelnen bewusst wird. Wir sind auf Autopilot geschaltet und lassen uns von unseren Gewohnheiten, Mustern und den daraus resultierenden Gefühlen steuern. Handelt es sich um eine Tätigkeit, die wir gerne ausführen und sind wir mit ihr vertraut, werden wir eins mit dieser Tätigkeit und vergessen uns selbst. Wir sind dann im Flow. In solchen Momenten des entspannten, glücklichen Selbstvergessens haben wir auch Zugang zu Inhalten des Unbewussten, beispielsweise zu spontanen Einfällen oder zu alten Erinnerungen.

Erst wenn Nicht-Alltägliches geschieht, richten wir uns bewusst auf das Geschehen aus. Das kann durch die Freude über ein positives Ereignis veranlasst sein, durch eine neue Situation, die konzentrierte Aufmerksamkeit erfordert, oder durch hohe Anspannung in einer gefährlichen Situation. Wir aktivieren dann eine andere Form des Bewusstseins. Wir wechseln in eine konzentrierte, wache Aufmerksamkeit. Wir nehmen unsere Gefühle bewusst wahr, schätzen Situationen bewusst ein und gehen im Geist die Möglichkeiten durch, die wir darin haben, wir treffen Entscheidungen. Die konzentrierte Ausrichtung setzt Energien frei, auf die Ereignisse in und um uns bewusst zu reagieren. Sie führt allerdings zu einer größeren Anspannung und verengt in aller Regel den Bereich unserer Wahrnehmung auf das aktuelle Geschehen.

Wenn wir jetzt die Brücke zur Potenzialarbeit schlagen, geht es hier darum, durch die bewusste Ausrichtung eine Verbindung zu den Potenzialen herzustellen und die Wahrnehmung für unser Denken und Fühlen offen zu halten. Die Ausrichtung ist eine Facette des Bewusstseins, der in der Potenzialarbeit besondere Bedeutung zukommt.

Die Ausrichtung des Bewusstseins:
In der Potenzialarbeit haben wir es vor allem mit zwei Formen der Ausrichtung zu tun. Das ist zum einen die Ausrichtung auf das Geschehen im Außen. Wir bereiten uns geistig auf Situationen vor, die mit einem Thema zu tun haben, auf das wir in der Potenzialarbeit aufmerksam geworden sind. Wenn sie dann eintreten, versuchen wir, nicht nur die Ausrichtung nach außen herzustellen, sondern gleichzeitig offen zu bleiben für Gedanken und

Intuitionen. Wir gehen in den Modus des Beobachtens und beobachten gleichsam von außen die Situation mit den Gedanken
und Gefühlen, die gerade hochkommen (s. dazu Abschnitt 4.3.5).
Mit der Ausrichtung auf die aktuelle Situation und einem weiten Fokus der Wahrnehmung können wir unsere Energie bün-
deln, sie auf ein Ziel fokussieren und gleichzeitig bewusst reagieren. Im einfachen Fall der Anwendung gelingt es uns vielleicht,
in einer engen Situation positive Energie zu schöpfen, um dann
z. B. durch ein freundliches Lächeln eine kritische Situation auf-
zufangen. Wir werden auch Handlungsoptionen anwenden, die
wir im Rahmen der Potenzialarbeit gefunden haben. Das kann
eine neue Form der Reaktion sein oder die Mobilisierung einer
Erinnerung, die uns ein anderes Verhalten ermöglicht. Die Ausrichtung geht also weiteren Bewusstseinsaktivitäten voraus. Für
beides, für das Finden und das Anwenden einer Handlungsop-
tion, brauchen wir dann weitere Facetten des Bewusstseins, die
mit der zum Handeln nötigen Energie zu tun haben.

Die zweite Form der Ausrichtung, die in der Potenzialarbeit zur
Anwendung kommt, ist die auf ein Potenzial und die damit verbundenen Gedanken, Erinnerungen oder Gefühle. Die Ausrichtung geht nach innen. Sie geht vom Herzen aus, der logischen
Schnittstelle zu den Potenzialen (s. a. Anhang 1). In dieser Ausrichtung wenden wir uns vom Alltagsgeschehen ab, um uns – in
einer weiteren Facette des Bewusstseins, der inneren Unterscheidung – für die geistigen Inhalte zu öffnen, die im Zusammenhang mit unseren Potenzialen stehen.

Die innere Unterscheidung:

Die innere Unterscheidung kommt ins Spiel, wenn es darum geht,
die Qualitäten von Potenzialen wahrzunehmen, einschließlich
der Erinnerungen und Gefühle, die wir mit ihnen verbinden.
Die innere Unterscheidung ist auch gefragt, wenn wir neue Formen finden wollen, in denen wir unsere Potenziale leben können. Die Facetten des Bewusstseins, die wir hier ansprechen,

sind das intuitive Nachdenken und Nachfühlen und die kreative Überlegung. Dies findet in der Innenschau statt. Dafür eignet sich ein Ort der Ruhe und Entspannung abseits des Alltags. Wenn wir nach innen gehen, bewegen wir uns auf tieferen Ebenen des Bewusstseins. Die erste Ebene unterhalb des Alltagsbewusstseins ist unser episodisches Gedächtnis. Wir erinnern uns an vergangene Situationen und bringen uns so unser Erleben wieder ins Bewusstsein. Wir brauchen diesen Zugang zu unseren Erinnerungen, um zu verstehen, durch welche Ereignisse und in welchen Situationen unsere Prägungen und Gewohnheiten entstanden sind. Sind wir entspannt, bekommen wir Zugang zu weit zurückliegenden Erinnerungen und zu Intuitionen außerhalb unserer bisherigen Vorstellungen. Am besten erreichen wir das in der Meditation. Ebenfalls in der Meditation werden wir uns mit verschiedenen Ausprägungen unserer Charaktermerkmale verbinden, als Vorbereitung darauf, dies später im Alltag anzuwenden.

Auf dem Weg nach innen werden wir durch das Pendel unterstützt. Wir können uns die Authentizität unserer Erinnerungen und Einschätzungen, oder die für unsere Vorstellungen über die Ausprägungen unserer Charaktermerkmale bestätigen lassen. Wir können das Pendel auch als Stütze unserer Erinnerung verwenden, indem wir auf bestimmte Zeitpunkte oder Personen abfragen, die mit Situationen zu tun haben, die für ein Charaktermerkmal oder Bedürfnis prägend waren.

Aus diesem Verstehen heraus können wir dann – in einer kreativen Überlegung oder als Intuition – Lösungen für die weitere Entwicklung unserer Potenziale finden und daraus konkrete Aufgaben der Potenzialarbeit ableiten. Vor allem für unsere Bedürfnisse werden wir auf dieser Ebene Lösungen finden, z. B. in neuen Aktivitäten oder in einer geänderten Einstellung. Mit dem Pendel werden wir abfragen, ob eine gefundene Lösung den erwarteten Erfolg verspricht.

Ähnliche Handlungsmodelle wie das oben skizzierte gibt es übrigens auch in der experimentellen Psychologie. Gabriele Oettingen beschreibt sie in ihrem Buch *Die Psychologie des Gelingens* am Beispiel der Wunscherfüllung. Diese ist messbar erfolgreicher als positives Denken allein, wenn im Voraus das zu erreichende Ziel konkret vorgestellt wird, wenn zusätzlich Überlegungen angestellt werden hinsichtlich möglicher Hindernisse beim Anstreben des Ziels und wenn schließlich noch konkrete Schritte zur Zielerreichung geplant werden. Sie nennt dieses Vorgehen WOOP (Wish, Outcome, Obstacle, Plan).

Das Bewusstsein
mit einem Ordnungszustand verbinden:

Wir kommen nun zu einer Facette des Bewusstseins, die wir ihm nicht ohne Weiteres zuordnen würden: seine Interaktion mit Energie. Sie kommt in der energetischen Arbeit mit Charaktermerkmalen zur Anwendung. Mit eine der wichtigsten Aufgaben der Potenzialarbeit ist es, für ausgewählte Charaktermerkmale Zugang zu stärkeren Ausprägungen zu finden. Diesen Zugang finden wir in gedanklichen Vorstellungen, vor allem aber in dem Gefühl, das diese Vorstellungen begleitet. Es ist auch das Gefühl mit der ihm innewohnenden Energie, das die energetische Stärkung bewirkt. Vorstellungen und Gefühl bilden eine Einheit, einen 'Ordnungszustand'. Der Ordnungszustand ist durch das Maß der Kohärenz bestimmt, das er in uns im Zusammenhang mit einem bestimmten Potenzial hervorrufen kann. Wenn wir uns mit einem solchen Ordnungszustand verbinden, mit ihm eins werden, nehmen wir nicht nur gedankliche Inhalte auf, sondern auch seine Energie – in Form eines Gefühls. Diesen Ordnungszustand übernehmen wir als neue Essenz eines Charaktermerkmals in unsere Erinnerung, um ihn bei einer späteren Gelegenheit wieder aufrufen zu können.

Wir sprechen von einem hohen Ordnungszustand eines Charaktermerkmals, wenn er über hohe Kohärenz und starke Energie verfügt. Auf das Charaktermerkmal 03 *Erwartungshaltung* bezogen heißt das beispielsweise, dass die Ausprägung des Urvertrauens einen höheren Ordnungszustand hat als die der Angst. Das spüren wir auch deutlich. Ganz allgemein lässt sich sagen, dass wir feine Antennen dafür haben, die Energie hoher, kohärenter Ordnungszustände zu erspüren. Wir suchen solche Ordnungszustände und fühlen uns in ihnen wohl, ob im Fußballstadion, in der Oper oder auf einem Meditationsretreat. Auch wenn sich mehrere Personen mit gleicher Ausrichtung und hoher Intensität mit einem Thema befassen, entsteht spürbar ein Gruppenbewusstsein, ein spezifischer Ordnungszustand mit hoher Kohärenz.

Die beste Übung, um die Erfahrung eines hohen Ordnungszustands zu machen, ist die Meditation (s. dazu Abschnitt 4.3.7). Sie geht über das Alltagsbewusstsein und den Bereich unserer Erinnerungen hinaus und bezieht Bereiche des Unbewussten und des Überpersönlichen mit ein. Dabei kommt den Gefühlen, die wir mit dem aufgerufenen Ordnungszustand verbinden, eine besondere Bedeutung zu. Das Gefühl kann besser und feiner als die Gedanken das Besondere aus einem Ordnungszustand herauslesen. Damit ist es auch der Schlüssel dafür, einen Ordnungszustand aus der Erinnerung wieder aufzurufen.

Dieses Verbinden mit einem Ordnungszustand sei nun beispielhaft beschrieben. Für die Änderung des Charaktermerkmals 28 *Urteil* in Richtung Minderung der Strenge ist in einer Meditation der Leitsatz „mit gezeigter Schwäche liebevoll umgehen" gefunden worden (s. Abschnitt 4.2.2). Wenn wir uns mit diesem Leitsatz gedanklich und im Gefühl verbinden, kommen wir näher an die stärkste Ausprägung des Charaktermerkmals *Urteil – Milde / Güte* – heran und erreichen damit einen höheren Ordnungszustand. Diesen Ordnungszustand werden wir als neue Essenz für das Charaktermerkmal *Urteil* in der Erinnerung speichern, um ihn bei späteren Gelegenheiten wieder aufzurufen.

Auch bei dieser Facette des Bewusstseins kann uns das Pendel unterstützen. Wir können vorab testen, ob es mit dem erinnerten Ordnungszustand gelingen kann, stärkere Energie aufzunehmen oder den Energiefluss zu verbessern.

Dass selbst physische Systeme auf kohärente Ordnungszustände reagieren, konnte messtechnisch gezeigt werden. Der Psychologe Dean Radin hat entsprechende Versuche durchgeführt und darüber in seinem Buch *The Conscious Universe* berichtet. Er hat mit Zufallszahlengeneratoren gearbeitet, die er mehrere Stunden lang während großer öffentlicher Veranstaltungen mitlaufen ließ und die so programmiert waren, dass sie alle sechs Sekunden eine Serie von binären Zahlen generierten. Aus den statistischen Auswertungen ließ sich ablesen, dass der Zufallszahlengenerator in den Zeitintervallen mit hoher Aufmerksamkeit der Teilnehmer bzw. Zuschauer einen signifikant erhöhten Ordnungszustand als Abweichung vom statistischen Erwartungswert von 50:50 anzeigte.

Bewusstsein als Energieimpuls:

Ein zentraler Aspekt der Potenzialarbeit ist es, stärkere Ausprägungen der Charaktermerkmale zu aktivieren und damit unseren Energiezustand zu verbessern. In diesem Zusammenhang beziehen wir eine weitere Facette des Bewusstseins ein: das Bewusstsein als Impulsquelle für Energie.

Der Energieimpuls gestaltet sich so, dass wir uns – am besten in der Form des Beobachter-Bewusstseins – auf ein ausgewähltes Charaktermerkmal ausrichten (s. dazu Abschnitt 4.3.5). Wir rufen aus der Erinnerung den hohen Ordnungszustand des Charaktermerkmals auf und lassen ihn mit einem willentlichen Impuls zur Energieänderung in den Ordnungszustand einfließen, den wir gewohnheitsmäßig aktiviert haben. Weiter oben haben wir darauf hingewiesen, dass es das Gefühl ist, das den Ordnungszustand am feinsten aufzeichnet. Deshalb leitet uns auch das Gefühl, beim Aufrufen den ‚richtigen‘ Ordnungszustand auszuwählen. Im Beispiel oben werden wir den Ordnungszustand als gefühlte Essenz des Leitsatzes in das Charaktermerkmal *Urteil* fließen lassen. Für das Charaktermerkmal *Erwartungshaltung* werden wir den Ordnungszustand starken Vertrauens wählen.

Das liest sich schwieriger, als es ist. Wir werden das erst in aller Ruhe außerhalb des Alltags üben und den Wirkungen nachspüren.

Mit dem Pendel können wir feststellen, ob uns die Stärkung eines Charaktermerkmals gelungen ist, indem wir seine Iststärke vor und nach der Übung vergleichen.

Die Ordnungszustände unserer Charaktermerkmale haben – wie alle Gewohnheiten – ein Trägheitsmoment. Deshalb braucht es häufige Wiederholung, bis ein neuer gewohnheitsmäßiger Ordnungszustand entsteht.

Eine andere Form des Energieimpulses ist die Reinigungsübung. Wir führen sie durch, um gestaute Energie aufzulösen und die innere Kohärenz zu verbessern. Hier sind Ablauf und Wirkung etwas anders. Impulsquelle für die Energie ist unser Wille, den wir mit der höchsten inneren Energie verbinden, die wir mobilisieren können. Das mag die Energie der höchsten Intelligenz oder die göttliche Energie sein. Wir führen die Übung durch, indem wir uns in meditativer Haltung auf die Stauenergie eines Charaktermerkmals ausrichten und den Impuls geben, die gestaute Energie aufzulösen. Wir können diese Vorstellung unterstützen, indem wir uns vorstellen, die gestaute Energie nach außen wegzuschieben. Es ist also ein anderer, auflösender Impuls gegenüber dem weiter oben beschriebenen verbindenden Impuls. Die Reinigungsübung kann aber durch einen verbindenden Impuls ergänzt werden, um gleichzeitig mit der Auflösung der Stauenergie neue, stärkende Energie zuzuführen (s. dazu Abschnitt 4.3.6).

Dass das Bewusstsein in der Lage ist, energetische Impulse zu geben, ist in der Wissenschaft umstritten. Es ist ja eines der Dogmen der klassischen Physik, dass Geist – in unserem Fall vom Bewusstsein ausgehend – nicht auf Materie wirken könne. Dies, obwohl der jüngste Zweig der Physik, die Quantenphysik, in jahrzehntelangen erfolgreichen Forschungen festgestellt hat, dass das Bewusstsein zuallererst die Energie ist, die aus den Möglichkeiten der Potenzialfelder auswählt und diese Möglichkeiten in die Realität bringt (s.a. Anhang 1). Im Kontext unserer Potenziale heißt in die Realität bringen nicht, etwas wie von Zauberhand entstehen zu lassen, sondern die Wahrscheinlichkeit für das Eintreten von Ereignissen zu vergrößern.

Die Begründer der Quantenphysik haben in ungezählten Versuchen festgestellt, dass im Quantenbereich alle Zustandsübergänge nicht-deterministisch sind und durch einen Akt des Bewusstseins ausgelöst werden. Alle Wesen im Kosmos, bereits die kleinsten Elementarteilchen, haben somit Anteil am Bewusstsein. Erwin Schrödinger hat das in seinem Buch *Geist und Materie* klar und unmissverständlich bestätigt: „Offenbar gibt es nur einen Ausweg: die Vereinigung aller Bewusstseine in eines. Die Vielheit ist bloßer Schein; in Wahrheit gibt es nur ein Bewusstsein. Das ist die Lehre der Upanishaden, und nicht nur der Upanishaden allein. Das mystische Erlebnis der Vereinigung mit Gott führt stets zu dieser Auffassung, wo nicht starke Vorurteile entgegenstehen; und das bedeutet: leichter im Osten als im Westen.“[5] Auch Max Planck und Werner Heisenberg haben sich ähnlich geäußert. Diese Sicht auf das Bewusstsein hatten bereits die Yogis des alten Indien. In der Aitareya-Upanishade, auf die Schrödinger sich bezieht, heißt es: „Bewusstsein ist das Absolute".

Tatsächlich gibt es eine Reihe von Versuchsergebnissen, die nahelegen, dass vom Bewusstsein energetische Impulse ausgehen können. Diese wurden allerdings meist durch Versuchsanordnungen erzielt, die keinen hohen wissenschaftlichen Standard erfüllten, wie etwa der von Rupert Sheldrake vorgeschlagene Versuch. Er gibt zu diesem Phänomen ein leicht nachvollziehbares Beispiel aus dem Alltag: Wir merken, dass wir von hinten angesehen werden. Das zeigt, dass uns ein merkbarer energetischer Impuls erreicht hat, den wir nicht über die Augen wahrgenommen haben können. Viele Menschen haben diese Erfahrung schon zu wiederholten Malen gemacht.

Ein Forschungsprojekt zu dem Phänomen geistig-energetischer Impulse, das einem hohen wissenschaftlichen Standard entsprach, war das Princeton Engineering Anomalies Research Program (PEAR). Die beiden Leiter des Programms, Brenda J. Dunne und Robert G. Jahn, berichten darüber in ihrem Buch

An den Rändern des Realen. Die Versuchspersonen in diesem Forschungsprojekt sollten Zufallszahlengeneratoren auf geistigem Weg so beeinflussen, dass sie in der Tendenz höhere oder – in weiteren Versuchen zur Verifizierung der Ergebnisse – niedrigere Zahlen erzeugten, als statistisch zu erwarten war. Im Ergebnis zeigte sich bei allen Teilnehmern eine signifikante Abweichung von den statistischen Erwartungswerten – nach oben, wenn höhere Werte zu erzeugen waren und nach unten, wenn es um niedrigere Zahlen ging. Und dies über Zehntausende von Versuchen für jeden Teilnehmer. Es zeigte sich auch, dass manche der Versuchspersonen dabei systematisch erfolgreicher waren als andere. Das Programm fand bereits 1979 statt. Es gab seither keine Versuche, diese Ergebnisse zu verifizieren oder sie infrage zu stellen, was erstaunlich ist angesichts des Stellenwerts der Ergebnisse für das naturwissenschaftliche Paradigma.

Dass das Bewusstsein weiterhin das große Rätsel der Wissenschaften bleibt, liegt wohl daran, dass bei der Annäherung an das Phänomen des Bewusstseins die wissenschaftlichen Grundannahmen infrage zu stellen sind. Eine dieser Grundannahmen ist eben, dass Geist nicht auf Materie wirken könne. Solche Grundannahmen infrage zu stellen, setzt den Mut voraus, sich Widerständen auszusetzen. Die Gründerväter der Quantenphysik hatten diesen Mut, der heute zu fehlen scheint.

4.3.2 Wahrnehmen und Verstehen

Wahrnehmen und Verstehen sind die ersten Schritte bei der Bearbeitung unserer Potenziale. Um mit ihnen in Fühlung zu kommen, richten wir uns nach innen aus. Wir brauchen die innere Unterscheidung und die Intuition, um uns in unsere Potenziale, in ihr Umfeld und in die Erfahrungen mit diesen Potenzialen hineinzudenken und hineinzufühlen.

Für das Wahrnehmen und Verstehen ist es vorteilhaft, wenn wir eine Beobachterposition einnehmen, einen Bezugspunkt außerhalb unserer Gedanken- und Gefühlswelt. In dieser Ausrichtung verbinden wir uns mit unseren Potenzialen vom Bewusstsein aus, in Gedanken oder in der Meditation.

Bedürfnisse:

Der wahrnehmende Zugang zu den Bedürfnissen ist vor allem analytisch: durch Nachdenken, Unterscheiden und kreative Überlegung. Es geht darum, zu den Daten, die wir über die Checkliste erhoben haben, weitere Klärungen vorzunehmen, um zu verstehen, auf welche Weise wir zu einer besseren Erfüllung eines Bedürfnisses kommen. Die Bereiche, um die es geht, sind vor allem unsere Motivation, die sich auf der Ebene der Maslowschen Bedürfnishierarchie ausdrückt, die Aktionsebene des Bedürfnisses, also die Ebene, in der wir ein Bedürfnis zum Ausdruck bringen und der Lebensbereich, in dem wir das Bedürfnis vorzugsweise leben. Ein Beispiel für eine solche Klärung ist die gelungene Einordnung der Ebene der Maslowschen Bedürfnishierarchie durch Meditation im Beispiel *Wohnen* in Abschnitt 4.2.1.

Dazu kommen weitere Klärungen zum Umfeld des Bedürfnisses: Sind besondere Fähigkeiten oder Kenntnisse erforderlich, gibt es organisatorische oder personelle Rahmenbedingen, die die Entwicklung des Bedürfnisses fördern würden? Zur Klärung kann auch beitragen, wenn wir der Frage nachgehen, ob wir dem Bedürfnis den richtigen Stellenwert geben oder ob es so, wie wir ihm aktuell nachgehen, mit unseren persönlichen Zielen vereinbar ist.

Wir werden über die Daten, die uns unklar sind, nachdenken oder meditieren. Diesen Prozess werden wir mit dem Pendel unterstützen, durch Abfrage, ob weitere Fragen offen sind oder ob wir die Klärung erreicht haben.

Im Anschluss an die Klärung der offenen Fragen werden wir mithilfe des Pendels die Punkte bestimmen, die für die bessere Erfüllung des Bedürfnisses wichtig sind. Für diese Punkte versuchen wir, Lösungen zu finden. Wir können beispielsweise Vorstellungen für einen neuen Zugang zu dem Bedürfnis entwickeln oder Überlegungen anstellen, bestehende Einflüsse auf das Bedürfnis in eine förderliche Richtung zu lenken. Wenn es darum geht, Einflüsse zu berücksichtigen, die von einem Charaktermerkmal ausgehen, werden wir die Klärung im Rahmen der Bearbeitung des betreffenden Charaktermerkmals durchführen (s. dazu Abschnitt 4.2.2).

Der Übergang zum Finden von Lösungen ist bei Bedürfnissen oft fließend. Die Lösung kann sich bereits daraus ergeben, dass wir einem Bedürfnis mehr Raum geben.

Charaktermerkmale:

Der wahrnehmende Zugang zu den Charaktermerkmalen führt über die Einfühlung, das Sich-Verbinden. Wir rufen die Vorstellung von den unterschiedlichen Ausprägungen der Charaktermerkmale auf und verbinden uns fühlend mit ihnen.

Die Übung unserer Wahrnehmung für Charaktermerkmale besteht zunächst darin, aus der Erinnerung verschieden starke Ausprägungen eines Charaktermerkmals aufzurufen. Im Fall des Charaktermerkmals 03 *Erwartungshaltung* wäre das also die Vorstellung von eher angstbesetzten und eher vertrauensvollen Ausprägungen. Idealerweise sollten wir den Zustand mit der stärksten Ausprägung aufrufen, die wir uns vorstellen können. Im Fall der *Erwartungshaltung* wäre das die Vorstellung des Urvertrauens. Für dieses Vorstellen und Einfühlen in verschiedene Ausprägungen bietet sich die Meditation an (s. dazu Abschnitt 4.3.7). Gerade die Vorstellung und Einfühlung in die stärksten Ausprägungen sollten wir in unserer Erinnerung speichern, um sie zu späteren Zeitpunkten wieder aufrufen zu können. Unsere Erinnerung wird unterstützt, wenn wir die Vorstellung mit Ereignissen oder Personen verbinden können, die mit ihr in Zusammenhang stehen. Wenn wir diese Einfühlung in die stärksten Ausprägungen einüben, werden wir mit ihnen vertraut und können sie in Situationen aufrufen, in denen wir einer gezielten Stärkung bedürfen (s. dazu Abschnitt 4.3.4).

Wir haben mit den Daten der Checkliste auch Informationen über eine eventuell vorhandene Störenergie sowie Informationen zu weiteren vorhandenen Einflüssen erfasst. Liegt zu einem Charaktermerkmal Störenergie vor, werden wir versuchen zu verstehen, wie diese Störenergie in uns wirkt und wie sie entstanden ist. Zum Ersten werden wir uns vorstellen, welche Erfahrungen wir mit der Störenergie gemacht haben und in welchen Situationen sie aufgetreten ist. Unser Verständnis wird weiter vertieft, wenn wir herausfinden, welcher Aspekt des Charaktermerkmals im konkreten Zusammenhang der Störenergie angesprochen ist: Geht es mehr um die seelische, die geistige oder die materielle Ebene, steht eher der Ich-Bezug oder der soziale Bezug im Vordergrund, handelt es sich um aktuelle oder um zurückliegende Erfahrungen?

Wenn es um zurückliegende Erfahrungen geht, werden wir der Entstehung der Störenergie nachgehen, indem wir durch Meditation oder über Pendel herauszufinden versuchen, durch welche Ereignisse, welche Personen bzw. zu welchen Zeitpunkten die Störenergie ursprünglich entstanden ist. Das Pendel kann uns über den Zahlenkreis helfen, Zeitpunkte von Ereignissen im Zusammenhang mit der Störenergie zu ermitteln.

Geht die Störenergie von einem anderen Charaktermerkmal aus, sollten wir auch dieses in die Arbeit einbeziehen und durch Pendeln feststellen, welches Charaktermerkmal zuerst bearbeitet werden sollte. Das ist in aller Regel das der Störenergie (s. dazu Abschnitt 4.2.2).

Haben wir in der Bestandsaufnahme festgestellt, dass andere Einflüsse – durch Bedürfnisse, durch bestimmte Personen oder Ereignisse – vorhanden sind, sollten wir nun versuchen, durch Nachdenken, Meditation und bestätigendes Nachpendeln die Art des Einflusses und die Möglichkeiten zur besseren Kanalisierung dieses Einflusses zu finden.

Haben wir erste Erfahrungen mit dem Wahrnehmen und Verstehen der Störenergie gemacht, werden wir versuchen, dieses Verständnis in den Alltag einzubauen, immer dann, wenn wir mit dem betreffenden Charaktermerkmal in Berührung kommen. Wichtig ist dabei, auf unsere Reaktion zu achten: Was war der Auslöser für die Reaktion und was sind die Gefühle, die unsere Reaktion begleiten? Eine wertvolle Unterstützung finden wir dabei in der Übung des Beobachter-Bewusstseins, auf das wir uns einstellen, um unsere Reaktionen mit innerem Abstand erleben zu können (s. dazu Abschnitt 4.3.5.). Noch besser ist es, wenn wir eine Lösung finden, um mit dem Charaktermerkmal in einer besseren Form umzugehen. Darum geht es im folgenden Abschnitt.

Bereits in der Phase des Wahrnehmens und Verstehens ist es vorteilhaft, die bei einem Charaktermerkmal gestaute Energie aufzulösen (s. dazu Abschnitt 4.3.6).

4.3.3 Das Finden von Lösungen

Wenn wir ein ausreichendes Verständnis für unsere Potenziale erreicht haben, können wir darangehen, Lösungen zur Verbesserung zu finden. In manchen Fällen wird das einfach sein; überall dort, wo die Lösung auf der Hand liegt. Wenn etwa die Lösung für ein Bedürfnis darin liegt, ihm mehr Zeit zu widmen, oder bei einem Charaktermerkmal darin, ihm durch das Aufrufen des Ordnungszustands seiner stärksten Ausprägung Energie zuzuführen (s. dazu Abschnitt 4.3.1). In anderen Fällen bedarf es dazu kreativer Bemühung. Das Pendel wird uns dabei unterstützen, die geeignete Lösung zu finden.

Bedürfnisse:
Wegen der Vielfalt möglicher Lösungen ist es für Bedürfnisse meist aufwendiger, die zu erreichenden Ziele zu bestimmen. Das liegt auch daran, dass wir dazu meist keine klaren Vorstellungen haben. Kommen wir mit einem Bedürfnis nicht gut zurecht, reagieren wir meist mit einer diffusen, allgemeinen Unzufriedenheit und nicht mit Vorstellungen, wie wir das Bedürfnis besser erfüllen könnten.

Aus der Phase des Wahrnehmens und Verstehens haben wir immerhin Hinweise darauf, in welchen Bereichen die Lösung zu suchen ist. Deshalb sollten wir erst die Richtung festlegen, in der wir suchen: also in Richtung auf neue Einstellungen, auf eine neue Form für ein Bedürfnis, eine neue Ebene, einen neuen Lebensbereich etc. Haben wir die Richtung bestimmt, können wir konkret überlegen, in welcher Form wir diesem Bedürfnis besser gerecht werden.

Neue Lösungen finden wir durch Nachdenken, Meditieren, ggf. durch Recherchieren nach möglichen Lösungen. Gefundene Lösungsvorschläge werden wir vorab mit dem Pendel auf ihre Eignung testen. Dabei sollten wir uns daran ausrichten, unsere Bedürfnisse so zu leben, wie sie bei uns angelegt sind.

Gehört zur Lösung für Bedürfnisse die Arbeit an Charaktermerkmalen, erfolgt sie nach den Regeln für Charaktermerkmale.

Charaktermerkmale:
Die Ziele, die wir für Charaktermerkmale verfolgen, sind klar: eine Verbindung mit ihren stärksten Ausprägungen herzustellen und Störenergie aufzulösen.

Wir unterscheiden die Form der einfachen Stärkung, bei der keine weiteren Einflüsse zu berücksichtigen sind, und die komplexere Form, bei der wir die Stärkung der Charaktermerkmale durch eine Kombination verschiedener Lösungselemente erreichen. Ob wir im konkreten Fall die komplexere Form wählen, lassen wir uns über Pendelabfrage bestätigen.

1. Die einfache Stärkung:

Die Stärkung führen wir herbei, indem wir uns mit dem Ordnungszustand einer starken Ausprägung desselben oder eines anderen stärkenden Charaktermerkmals verbinden. Damit führen wir dem Charaktermerkmal zusätzliche Energie zu. Haben wir über Pendelabfrage entschieden, dass ein anderes Charaktermerkmal zur Stärkung besser geeignet ist, müssen wir noch die Auswahl treffen, welches das sein soll. Es wird häufig eines der ersten drei Charaktermerkmale der Tabelle sein – *Zugewandtsein*, *Einssein* oder *Erwartungshaltung* (s. dazu das Beispiel zu Charaktermerkmal 23 auf S. 98). Diese einfache Form der Stärkung werden wir anwenden, wenn keine Störenergie vorliegt. Wir können diese Form auch als Ergänzung zu einem Entwicklungsbaustein anwenden, um einem Charaktermerkmal zusätzliche Energie zuzuführen (s. unten).

Wenn wir bereits bei unseren Wahrnehmungsübungen Erfahrungen mit dem Aufrufen des Ordnungszustands der stärkstmöglichen Version des zu stärkenden Charaktermerkmals gemacht haben, haben wir bereits die Lösung gefunden. Im anderen Fall verbinden wir uns meditativ – für einige Minuten – mit dem Ordnungszustand des Charaktermerkmals, das wir für die Stärkung ausgewählt haben, in seiner für uns am stärksten vorstellbaren Ausprägung. Für das Charaktermerkmal *Erwartungshaltung* ist das die Vorstellung des Urvertrauens. Die Energie und das Gefühl, das wir dabei wahrnehmen, speichern wir in unserer Erinnerung. Wir sollten diese Vorstellung mehrmals – durchaus auch an aufeinanderfolgenden Tagen – aufrufen. Damit frischen wir die Erfahrung auf und sie bleibt für die spätere Anwendung präsent.

Wenn Stauenergie vorliegt, sollten wir eine kurze Reinigungsübung durchführen, bevor wir uns mit dem Charaktermerkmal verbinden (s. dazu Abschnitt 4.3.6). Durch die Reinigung werden unsere Vorstellungen und Gefühle zu dem Charaktermerkmal klarer und authentischer.

2. Das Finden von Entwicklungsbausteinen:

Eine komplexere Form zur Stärkung der Charaktermerkmale ist die Anwendung von sogenannten Entwicklungsbausteinen. Darunter verstehen wir spezielle Formeln, Bilder, Sätze, Gebete oder Anrufungen, die wir in den Momenten anwenden, in denen wir bezüglich bestimmter Charaktermerkmale der energetischen Stärkung bedürfen. Solche Entwicklungsbausteine werden wir vor allem dann einsetzen, wenn Störenergie im Spiel ist oder wenn fest eingewurzelte Gewohnheiten vorliegen, wie sie häufig in der *Kernschwäche* unseres Enneagramm-Typs zu finden sind (s. dazu Anhang 2). Es werden insgesamt nicht mehr als eine Handvoll sein. Solche Entwicklungsbausteine gilt es aber erst zu finden bzw. zu entwickeln.

Das Finden von Entwicklungsbausteinen und das Testen auf ihre Eignung erfolgt auf dem Weg, den wir auch für die anderen Aktivitäten gewählt haben: Nachdenken, Meditieren, Pendeln. Der Prozess des Findens wird meist über eine einzelne Übung, eine einzelne Meditation hinausgehen. Die Entwicklungsbausteine können unterschiedliche Form haben; entscheidend ist, dass sie wirken. Die Wirkung besteht wesentlich darin, dass wir dem Charaktermerkmal einen neuen Ordnungszustand, ein neues 'Programm' geben und die Energie im Fluss halten. Die Wirkung eines Entwicklungsbausteins wird verstärkt, wenn es uns gelingt, den Entwicklungsbaustein mit innerer Motivation aufzuladen. Das neue Reaktionsschema mit dem Entwicklungsbaustein erlaubt uns, bei der nächsten Aktivierung eines Charaktermerkmals bewusst in einer neuen Qualität zu reagieren, die Energie weiterfließen zu lassen und gleichzeitig zu stärken.

Als Entwicklungsbaustein für Charaktermerkmale haben sich sogenannte *Leitsätze* bewährt, die die Quintessenz dieses Charaktermerkmals für uns enthalten.

Bevor wir die Arbeit zum Finden eines Entwicklungsbausteins aufnehmen, sollten wir eine kurze Reinigungsübung zu dem betreffenden Charaktermerkmal durchführen (s. dazu Abschnitt 4.3.6). Durch die Reinigung werden unsere inneren Bilder klarer und authentischer.

Beispiel für einen Entwicklungsbaustein Leitsatz:
Das Charaktermerkmal 18 *Einordnung* war bei einer Klientin als
dasjenige Charaktermerkmal ermittelt worden, bei dem die stärkste Störenergie auftritt. Die Störenergie wurde als von Charaktermerkmal 19 *Realitätsbezug* kommend und als frühkindlich angelegt
ermittelt. Es war zunächst nicht klar, welcher Wirkzusammenhang
zwischen dem Charaktermerkmal und der Störenergie bestand. Daher galt es zu ermitteln, welche Art von Ordnung gestört war: die
materielle, eine Werteordnung oder die Rangordnung zwischen
Personen. Durch Pendel wurde die letztere Ordnung als gestört
bestimmt. In der Meditation kristallisierte sich aus dem Sachverhalt *Rangordnung zwischen Personen* und *Nicht-Wahrhaftigkeit* heraus,
dass es sich um das Muster des *abhängigen Selbst* handelt. Die Klientin war von ihrer Mutter sehr früh für nicht altersgerechte Arbeiten im Haushalt herangezogen worden und hatte dafür immer
wieder Zuwendung und Lob erhalten. In der Folge hatte sie sich
stark auf ihre Mutter ausgerichtet und nicht gelernt, auf ihre eigenen Bedürfnisse zu achten. Dieses Muster wirkt bis heute nach,
da die Klientin schnell bereit ist, eigene Belange zurückzustellen
und die Belange anderer als wichtiger anzusehen. Dadurch ist die
natürliche Rangordnung zwischen Personen verletzt. Die Klientin konnte jetzt auch einen Zusammenhang zu der auftretenden
Störenergie herstellen. In einer weiteren Meditation mit dem Ziel,
einen Leitsatz zu finden, um dieses Muster aufzulösen, kam der
Satz auf: „Ich werde auf jeden Fall geliebt." Tatsächlich konnte damit das Störprogramm für den Moment deaktiviert werden. Um
dauerhaft zu wirken, sollte der Leitsatz bei einem neuen Auftreten dieser Störenergie wiederholt werden.

4.3.4 Anwenden von Lösungen

Hier setzen wir um, was wir an Lösungen entwickelt haben. Die
Anwendungen sind generell für den Alltag gedacht. Wir werden aber – gerade bei Charaktermerkmalen – Übungsschritte

außerhalb des Alltags vorschalten, um die gebotene Sicherheit für die Anwendung im Alltag zu erhalten.

Während die alltägliche Anwendung bei den Bedürfnissen eher planmäßig erfolgen kann, ist sie bei den Charaktermerkmalen ereignisabhängig, wird also dann erfolgen, wenn bestimmte Situationen eintreten, in denen wir der Stärkung der Energie bedürfen bzw. dann, wenn Energiestau eingetreten ist.

Um uns einen Überblick zu verschaffen über die Entwicklung der Charaktermerkmale und Bedürfnisse, die wir in Bearbeitung haben, sollten wir regelmäßig – vielleicht wöchentlich – deren aktuellen Werte ermitteln und festhalten.

Für den Überblick über die Potenzialarbeit insgesamt können wir auch ganz allgemeine Fragen an das Pendel stellen. Beispielsweise die Frage, ob wir unsere Aktivitäten beibehalten oder ob wir Potenziale in die Potenzialarbeit neu aufnehmen sollten.

Bedürfnisse:

Für Bedürfnisse besteht die Lösung in einer geänderten Einstellung zu einem Bedürfnis oder in einem neuen Zugang zu ihm. Lösungen für Bedürfnisse werden wir direkt im Alltag anwenden. Die Ziele, die wir für die Bedürfnisse anstreben, erreichen wir im praktischen Erleben. Ob wir ihnen näherkommen oder sie erreicht haben, können wir am Maß ihrer Iststärke feststellen. Es wird sich uns auch in einem Gefühl der Freude mitteilen.

Eine gefundene Lösung muss nicht die endgültige sein. Es kann durchaus sein, dass sich in der Folge unserer Aktivitäten neue Ziele und damit neue Lösungen auftun. Auch dazu sollten wir das Pendel befragen.

Charaktermerkmale:

Bei der Anwendung von energetischen Lösungen für Charaktermerkmale handelt es sich um Energiearbeit im eigentlichen Sinn, also um die Beeinflussung des Energieniveaus eines

Charaktermerkmals. Das geschieht dadurch, dass wir entweder Stauenergie auflösen oder uns innerlich mit dem Ordnungszustand der starken Ausprägung eines Charaktermerkmals oder mit einem Entwicklungsbaustein, vielleicht einem Leitsatz verbinden – eventuell mit beiden zusammen. Es kommt darauf an, die Übungen oft zu wiederholen, da mit einer einmaligen Anwendung keine dauerhafte Wirkung erzielt werden kann.

In regelmäßigen Abständen überprüfen wir den Erfolg dieser Arbeit, um damit in der gewählten oder ggf. einer anderen Form weiterzumachen oder um sie abzuschließen. Das kann auch bedeuten, die Phase des Wahrnehmens und Verstehens wieder aufzunehmen.

Die Bearbeitung kann auf eine der folgenden Arten durchgeführt werden.

1. Auflösen eines Energiestaus:

Haben wir durch Pendeln einen Energiestau festgestellt, machen wir uns daran, diesen mithilfe der Reinigungsübung aufzulösen (s. dazu Abschnitt 4.3.6). Häufig werden wir diese Übung als Vorübung zu einer stärkenden Übung durchführen. Es ist aber durchaus hilfreich, die Übung allein – auch ohne Folgeübung – durchzuführen, um den allgemeinen Energiefluss zu verbessern.

Annehmen einer Störenergie:

In unserem Bemühen, uns von Störenergie zu befreien, erfahren wir Unterstützung, wenn wir sie bewusst annehmen. Wenn die Störenergie im Rahmen unserer frühkindlichen Erziehung entstanden ist, können schmerzhafte Erinnerungen hochkommen und die Enttäuschung darüber, dass wir die Entstehung der Störenergie zugelassen haben. Die dafür nötige Nachsicht für uns selbst sollte uns leichtfallen, der Aufbau der Störenergie war schließlich eine Schutzreaktion. Wenn wir Nachsicht auch für diejenigen aufbringen, die am Entstehen dieser Störenergie maßgeblich beteiligt waren, wird uns das Annehmen der Störenergie leichter fallen und uns dabei unterstützen, sie loszulassen. Das Annehmen selbst erfolgt in einem kontemplativen Akt, etwa in einer kurzen Meditation, in dem wir uns auf die Störenergie ausrichten und uns mit ihr aussöhnen. Wenn wir den Eindruck haben, dass die Aussöhnung noch nicht vollzogen ist, sollten wir den Vorgang wiederholen.

Wir sollten das Pendel fragen, wann es angezeigt ist, uns mit dem Annehmen einer Störenergie zu befassen. Es sollte uns bewusst sein, dass das Annehmen der Störenergie als Unterstützung, aber nicht als Ersatz für die Übungen zu sehen ist, mit denen wir das ‚Störprogramm' abändern.

2. Anwenden eines Entwicklungsbausteins:

Für die Charaktermerkmale, für die wir Entwicklungsbausteine entwickelt haben, stellen wir uns darauf ein, mit diesen im Alltag auf neue Art zu reagieren.

Wir wenden einen Entwicklungsbaustein an, indem wir bewusst für einen Moment innehalten und unser Bewusstsein – am besten in der Form des Beobachter-Bewusstseins (s. dazu Abschnitt 4.3.5) – auf das Charaktermerkmal ausrichten. In dieser Ausrichtung aktivieren wir den Entwicklungsbaustein mit einem willentlichen Impuls, z.B. in Form eines Leitsatzes.

Damit das in Alltagssituationen gelingt, müssen wir darauf vorbereitet sein. Das erreichen wir, wenn wir den Ablauf vorher einige Male in der Ruhe des Arbeitszimmers einüben. Dann können wir auch im Alltag mit dem Leitsatz reagieren, wenn sich die Störenergie bzw. das Charaktermerkmal meldet. Der Leitsatz verdrängt in dem Moment, in dem wir ihn aussprechen, das alte Muster, das die Störenergie bzw. die Aktivierung unseres Charaktermerkmals begleitet hat. Bei regelmäßiger Anwendung wird das 'Programm' des Leitsatzes mehr und mehr das bisherige 'Störprogramm' ersetzen. Es wird dann zum Bestandteil des Unterbewusstseins und bedarf nicht mehr des bewussten Aufrufs.

Wenn es gelingt, in den Entwicklungsbaustein ein Element der Stärkung des Charaktermerkmals einzubauen, ist keine weitere Übung erforderlich. Andernfalls sollte der Entwicklungsbaustein mit einer nachfolgenden Stärkungsübung kombiniert werden (s. weiter unten).

3. Stärkung eines Charaktermerkmals:
Diese Übung können wir sowohl losgelöst vom Alltag als auch im Alltag, eventuell zusammen mit einem Entwicklungsbaustein, durchführen. Wir stellen uns auf das zu stärkende Charaktermerkmal ein und verbinden uns in meditativer Haltung für wenige Sekunden mit dem Ordnungszustand des von uns ausgewählten stärkenden Charaktermerkmals. Wir lassen dessen Energie auf das zu stärkende Charaktermerkmal fließen. Im Fall des Charaktermerkmals *Erwartungshaltung* wäre das die Vorstellung von dessen stärkstmöglicher Ausprägung, dem Urvertrauen. Auch für diese Übung wenden wir das Beobachter-Bewusstsein an (s. dazu Abschnitt 4.3.5).

4.3.5 Das Beobachter-Bewusstsein

Wir erleben immer wieder Ereignisse, die uns herausfordern. Im Alltag reagieren wir darauf häufig mit gewohnheitsmäßigen unbewussten Reaktionen, die oft mit Emotion und Stress verbunden sind. Damit es uns gelingt, in solchen Situationen mit unseren Potenzialen bewusst umzugehen, brauchen wir einen Bezugspunkt außerhalb unserer Gedanken- und Gefühlswelt. Dann können wir unsere Reaktionen sofort bewusst wahrnehmen. In diesem kurzen Moment des Wahrnehmens können wir auf unsere Innenwelt einwirken, wie das Viktor Frankl so schön beschreibt (s. S. 26). Dann gelingt es uns auch, den Energiefluss aufrechtzuerhalten und Energiestau zu vermeiden. Dieser Bezugspunkt, der das möglich macht, ist der Beobachter in uns. Der Beobachter ist das Bewusstsein. Er ist die letzte Instanz hinter den Vorgängen. Der Beobachter ist Teil unseres eigentlichen Selbst – in der Spiritualität als höheres Selbst bezeichnet – und nimmt, wenn wir achtsam sind und uns darauf ausrichten, unsere Gedanken, Gefühle und Handlungen wahr, beobachtet sie also. Wir alle kennen diesen Beobachter und können uns jederzeit bewusst auf ihn einstellen. Im normalen Alltag tun wir das allerdings nicht. Und weil das so ist, nehmen wir auch nicht wahr, dass wir andere als die gewohnten Reaktionen wählen könnten.

Mit der Ausrichtung auf eine aktuelle Situation und den damit verbundenen inneren Zustand sammeln wir unsere Wahrnehmung und fokussieren uns auf ein Handlungsziel. Die Ausrichtung geht den Bewusstseinsaktivitäten voraus und bedarf eines willentlichen Impulses. Sie ermöglicht es, unsere Reaktionen bewusst zu steuern. Sie geht vom Herzen aus. Dem können wir nachspüren.

Wir werden uns in der Potenzialarbeit auf herausfordernde Situationen vorbereiten, indem wir die Lösungen anwenden, die uns besser reagieren lassen. In anderen Fällen werden wir intuitiv reagieren. Wenn in solchen Momenten etwa der Wahrnehmung einer Störenergie Emotionen aufsteigen, haben wir dann die Freiheit, diese Emotion liebevoll zu umarmen und loszulassen, wie das Michael A. Singer in seinem Buch *Die unbändige Seele* sehr schön beschreibt. Dabei können wir vielleicht mit einer freundlichen Gegenfrage eine aufgeladene Atmosphäre entspannen oder die emotionale Spitze unseres Zorns abmildern. Wir können uns in diesem Moment aber auch mit einem stärkenden Potenzialzustand verbinden und später im Nachdenken oder in der Meditation dem Ereignis nachspüren.

Ähnliche Wahrnehmungstechniken werden von spirituellen Systemen wie dem Yoga oder dem Buddhismus schon immer praktiziert. Sind solche Techniken neu für uns, müssen wir sie und mit ihnen das Beobachter-Bewusstsein erst einüben. Wir können damit sofort beginnen, indem wir uns zur Angewohnheit machen, in herausfordernden Situationen kurz innezuhalten, die Situation von außen zu beobachten und tief durchzuatmen, bevor wir reagieren.

Es ist nicht zu viel gesagt, wenn wir das Beobachter-Bewusstsein als eine der geistigen Fähigkeiten ansehen, die den Unterschied macht zu jeder Form von routinemäßiger Intelligenz. Vor dem Hintergrund der weitgehenden Automatisierung von geistigen Tätigkeiten in vielen Berufssparten heißt das, dass die Fähigkeit des bewussten Innehaltens, um Entscheidungen zu treffen, ein Alleinstellungsmerkmal der menschlichen Intelligenz gegenüber jeder Form von künstlicher Intelligenz bedeutet.

4.3.6 Die Reinigungsübung

Im Alltag baut sich in uns häufig ein Energiestau auf, einfach dadurch, dass wir versuchen, unangenehme Gefühle abzuwehren oder angenehme Gefühle festzuhalten. Dieser Energiestau bleibt erhalten, er baut sich nicht von selbst wieder ab. Wir spüren diesen Energiestau in Form unserer Gereiztheit, an innerer Anspannung und Stress. Er behindert den Energiefluss und führt damit zu einer Verringerung der Kohärenz. Oft liegt die Ursache für den Energiestau in Situationen, in denen Störenergie auftritt. Wir können den eingetretenen Energiestau mit dem Pendel messen und durch die im Folgenden beschriebene Reinigungsübung auflösen. Sie nimmt nicht mehr als ein bis zwei Minuten in Anspruch. Damit verbessern wir spürbar den Energiefluss und geben Belastung ab. Wir stärken dadurch auch die Ausprägung unserer Charaktermerkmale. Das ist in den Beispielen im Abschnitt 4.2 deutlich geworden. Damit ist die Reinigungsübung ein integrierender Bestandteil der Potenzialarbeit.

Wenn wir aber künftig Situationen vermeiden wollen, in denen Energiestau auftritt, müssen wir den Prozess verstanden haben, der zu dem Energiestau geführt hat. Dann können wir Lösungen finden, die an den Ursachen für den Energiestau ansetzen und einen neuen Aufbau von Störenergie verhindern. Eine solche Lösung besteht z. B. im Finden und Anwenden von Entwicklungsbausteinen (s. dazu die Abschnitte 4.3.3 und 4.3.4).

Durchführen der Reinigungsübung:

Wir führen die Übung für Charaktermerkmale durch: Wir richten uns in meditativer Haltung, am besten mit geschlossenen Augen, auf die Stauenergie eines Charaktermerkmals aus und geben den Impuls, die gestaute Energie aufzulösen. Die Ausrichtung bestimmt das Ziel unserer Bemühung. Die Quelle für den Impuls ist unser Wille, den wir mit der höchsten Energie verbinden, die wir mobilisieren können. Unser Impuls sollte nicht nur klar ausgerichtet sein, er sollte auch eine liebevolle Qualität haben. Wir schmeicheln gleichsam die gestaute Energie weg. In denselben Willensimpuls schließen wir ein, dass die Stauenergie durch die stärkste Ausprägung dieses Charaktermerkmals ersetzt wird. Das setzt voraus, dass wir uns vorher in diese Ausprägung eingefühlt und sie in unserer Erinnerung gespeichert haben. Wenn wir die Übung also für das Charaktermerkmal 03 *Erwartungshaltung* durchführen, ersetzen wir die gestaute Angst-Energie durch die Energie des Urvertrauens.

Den Auflösungsimpuls halten wir über einige Zeit aufrecht – je nach Stärke der gestauten Energie und der Intensität unserer Fokussierung einige Sekunden bis wenige Minuten lang. Wir können den Impuls unterstützen, indem wir uns vorstellen, dass wir die gestaute Energie nach außen wegschieben oder wegwischen. Die gestaute Energie können wir uns dabei etwa in der Form von Rauch oder Nebel vorstellen. Ebenso lange halten wir den Impuls aufrecht, dass die Energie der stärksten Ausprägung des Charaktermerkmals an die Stelle der Stauenergie tritt. Gleichzeitig mit der Abschwächung der Stauenergie sollten wir ein Gefühl der inneren Befreiung empfinden. Dass eine Energieänderung stattgefunden hat, können wir spüren. Wir können den Auflösungsimpuls auch überprüfen, indem wir die gestaute Energie vor und nach der Reinigungsübung messen.

Die Übung gelingt am besten in der Haltung des Beobachter-Bewusstseins, ohne ablenkende Gedanken und Emotionen. Wenn solche trotzdem auftauchen, sollten wir sie nicht bewerten oder gegen sie ankämpfen. Wir lassen sie am besten weiterziehen. Es können aber auch Intuitionen hochkommen, die uns helfen, unsere Störenergie besser zu verstehen und sie anzunehmen.

Wie kommt die Wirkung der Reinigung zustande? Aus der Quantenphysik wissen wir, dass jede Art von Manifestation in der Welt der Erscheinungen durch Bewusstsein bewirkt wird, das auf das Ziel der Manifestation – in unserem Fall die Stauenergie – ausgerichtet ist. Die Manifestation kommt zustande, indem wir einen Willensimpuls dafür geben und uns mit einer Quelle verbinden, aus der die Energie für die Manifestation fließt. Das funktioniert bei unseren Charaktermerkmalen sehr gut, im Bereich grober Materie – wie wir wissen – weniger gut. Dass es funktioniert, hat damit zu tun, dass wir immer schon über die Mittel verfügen, unsere Potenziale zu steuern. Wir setzen diese Mittel nur kaum jemals bewusst ein.

Wir sollten die Reinigungsübung im Rahmen der Bearbeitung von Charaktermerkmalen regelmäßig durchführen. Wir messen mit dem Pendel die vorhandene Stauenergie. Daran können wir ablesen, ob sich seit der letzten Reinigungsübung Stauenergie neu aufgebaut hat.

Es ist uns im Übrigen unbenommen, die Reinigungsübung auch außerhalb der Potenzialarbeit durchzuführen, indem wir uns auf den Energiestau ausrichten, der sich ganz allgemein durch Stress oder Angst aufgebaut hat. Auch hier können wir fühlen und mit dem Pendel nachmessen, wie sich der Energiefluss verbessert hat.

Wenn uns der vollständige Ablauf der Übung anfangs zu schwierig erscheint, können wir die Übung nur mit ihrem ersten Teil, dem Auflösen der Stauenergie, durchführen. Es hat sich gezeigt, dass selbst ungeübte Anfänger allein mit dem ersten Übungsteil deutlich messbare Erfolge erzielen.

Ausschlussgründe:
Wenn es sich um uns besonders belastende Energien handelt, sollten wir erst das Pendel fragen, ob es angeraten ist, uns ihnen auf eigene Faust anzunähern. Ein Gespräch mit einer vertrauten Person oder psychotherapeutische Hilfe wäre dann vielleicht die bessere Wahl.

4.3.7 Die Meditation

Über unsere Potenziale zu meditieren, ist ein guter Einstieg, um uns mit ihnen vertraut zu machen. Die Meditation stellt eine konzentrierte Form des Wahrnehmens dar. Und zwar eines Wahrnehmens, das nicht auf die Außenwelt und dasjenige ausgerichtet ist, was gerade passiert, sondern auf die Innenwelt, auf unsere Erinnerungen, auf unser Unbewusstes. Dazu schalten wir die Ablenkungen des Alltags mit ihren Gedanken und Emotionen ab und sammeln uns in einem Akt des zur Ruhe Kommens. Wir schaffen so in unserem Inneren einen Raum der Kohärenz, des Gleichschwingens mit den Inhalten, mit denen wir uns in der Meditation verbinden. Die Verbindung mit diesen Inhalten erfolgt, indem wir uns auf sie ausrichten. In dieser Ausrichtung haben wir Zugang zu tieferen Bewusstseinsschichten und damit auch zu Antworten, die uns im Alltagsbewusstsein nicht zugänglich sind.

In den Meditationen im Rahmen der Potenzialarbeit werden wir auf konkrete Fragestellungen meditieren. Das können Fragen der Klärung sein, Fragen des Anschauens und Kennenlernens, aber auch der einfachen Ausrichtung, z. B. auf *liebevolle Zuwendung* als eine der für uns zentralen Charaktereigenschaften. Wir können in der Meditation die stärksten Ausprägungen unserer Charaktermerkmale erfahren. Damit stehen uns diese Erfahrungen als Erinnerung zur Verfügung und wir können sie zu späteren Zeitpunkten wieder aufrufen. Wir können aber auch über all die Ereignisse und Begegnungen meditieren, die uns zustoßen und für die wir zunächst keine Erklärung gefunden haben.

In der Meditation tauchen im Zusammenhang mit einer konkreten Frage nicht nur Gedanken und Gefühle auf, es können auch Inhalte des eigenen oder des kollektiven Unbewussten auftauchen, die helfen können, die Frage besser zu verstehen. So gesehen ist die Meditation der Modus, in dem wir uns freundschaftlich in uns versenken und uns gleichzeitig mit unseren Potenzialen, mit unseren Mitmenschen, mit der kosmischen Ordnung, mit dem Göttlichen verbinden. Damit treten wir aus dem Rahmen unseres kleinen Selbst heraus und verbinden uns mit dem großen überindividuellen Selbst.

Die unten beschriebene Meditationsmethode ist eine Praxis des Yoga und kann das oben Beschriebene nach meiner Erfahrung sehr gut leisten. Es kann auch eine andere Meditationsmethode gewählt werden.

Meditation auf das Herz:

Vor der eigentlichen Meditation, die zwischen wenigen Minuten und einer halben Stunde dauern kann, sollten wir uns alles vor unser geistiges Auge holen, was uns über die Fragestellung bekannt ist: das ausgewählte Potenzial, die aktuelle Situation, unsere Rolle und unsere Ziele im Zusammenhang mit der Fragestellung, die Rolle unserer Mitmenschen, eigene und fremde Widerstände, Probleme etc. Diese einleitenden Gedanken sollten wir sammeln, aber loslassen, wenn wir die eigentliche Meditation beginnen.

Wir führen die Meditation mit geschlossenen Augen durch. Wir stellen uns eingangs auf das Herz ein mit der Vorstellung bzw. Ausrichtung auf den Gegenstand, auf den wir meditieren. Diese aufgenommene Vorstellung wird über die gesamte Dauer der Meditation aufrechterhalten, als eine innere Sammlung. Unser Denkapparat sollte im Ruhemodus sein. Die Meditation erfolgt in einer Haltung des Loslassens, des Offenseins, des Wartens und Empfangens, verbunden mit der Bitte um Unterstützung. Sie erfolgt weniger in einer Form willentlicher Konzentration, setzt aber einen bewussten Impuls der Ausrichtung voraus.

Dazu nehmen wir eine bequeme Sitzposition in entspannter Haltung ein. Es ist günstig, für die Meditation einen Platz zu finden, an dem wir ungestört sind. Die Meditationsdauer ist abhängig von der Intention des Meditierenden. Eine kurze, intensive Meditation kann – ähnlich wie ein Stoßgebet – durchaus zielführend sein. Solange wir ungeübt sind, sollten wir längere Zeit einplanen, da es auch länger dauert, bis wir innerlich gesammelt sind. Je nach Umfang und Fragestellung kann die Meditation zwischen zehn Minuten und einer halben Stunde dauern.

Das, was sich meldet, soll möglichst wenig durch eigene Gedanken und Gefühle gestört werden. Störende Gedanken lassen wir einfach weiterziehen. Nehmen wir wahr, dass unsere Gedanken abschweifen, richten wir uns wieder auf unseren Meditationsgegenstand aus. Weiterführende Gedanken unsere Fragestellung betreffend nehmen wir natürlich wahr und halten sie am Ende der Meditation fest.

Es empfiehlt sich, keine Erwartungen an den Verlauf der Meditation zu richten. Das würde die Meditation in der Freiheit ihres Ablaufs beeinträchtigen.

Die Erfahrung der Meditation ist nie gleich, sie kann ganz allgemein als freudvoll, ruhig und schön charakterisiert werden. Und sie vermittelt – in den Worten von William James – die Erfahrung, mit etwas Höherem unmittelbar in Berührung zu kommen. Das schließt nicht aus, dass wir unruhige Meditationen erleben. An den dabei hochkommenden Gedanken und Vorstellungen zeigt sich unsere innere Realität, die im Alltag meist übertönt oder ausgeblendet wird. Im Zustand der Meditation wird es uns aber eher gelingen, aufkommende Gedanken und Vorstellungen urteilsfrei anzuschauen. In dem Maß, in dem wir diese Gedanken und Vorstellungen als unsere Realität annehmen können, verlieren sie ihre störende Energie.

Die Empfehlung, sich auf das Herz auszurichten, trifft sich mit den Erkenntnissen der Neurowissenschaften, die dem Herzen eine weitgehende Steuerung unserer geistigen Vorgänge zuweisen und es zur logischen Schnittstelle zu den kosmischen Potenzialen erklären. Auf der physiologischen Ebene hat die

Meditation Einfluss in Richtung auf eine Verlangsamung der Stoffwechselvorgänge, auf eine Vertiefung der Atmung und auf eine Senkung der Pulsfrequenz, schlicht auf eine Verbesserung der inneren Kohärenz. Damit können latente Ängste oder Stress abgebaut werden.

Durch die Praxis der Meditation lernen wir unsere tieferen, unbewussten Schichten kennen und lernen, uns besser und mit größerer Freiheit mit unseren geistigen Potenzialen zu verbinden. Diese Erfahrungen können wir in den Alltag übernehmen, indem wir uns auch da konzentriert ausrichten und urteilsfrei wahrnehmen. Wir schaffen uns damit einen inneren Freiraum und können besser, entspannter auf konkrete Anforderungen reagieren.

Es steht uns unbenommen, in der hier beschriebenen Form auch über berufliche oder kreative Fragen des Alltags oder einfach offen über alles zu meditieren, was sich meldet. Vielleicht wollen wir auch über die Fragen der Potenzialarbeit hinausgehen und uns mit dem Grund unseres Seins verbinden. Dazu können wir auf die höchste kosmische Energie oder auf die göttliche Energie im Herzen meditieren.

Ausschlussgründe:

Wenn wir in der Meditation stark belastende Inhalte erwarten, sollten wir, bevor wir in die Meditation gehen, pendeln, ob die Meditation zu diesem Thema zum jetzigen Zeitpunkt ratsam ist. Gehen wir in solchen Fällen unvorbereitet in die Meditation, besteht die Gefahr, dass bestehende Ängste oder ein psychisches Ungleichgewicht sich verstärken. Im Zweifel sollten wir einen Therapeuten zurate ziehen.

5 Über das Glück

5.1 Begriffliche Annäherung an das Glück

Glück ist eines unserer stärksten und positivsten Gefühle und findet in vielfältigen Schattierungen seinen Ausdruck: als Liebe, Freude, Hochstimmung, Zufriedensein, Dankbarkeit, Gemeinschaft etc. Wir alle wollen den Zustand des Glücks so lange wie möglich aufrechterhalten. Entsprechend spielt das Glück in unserem Leben eine sehr große Rolle, klarerweise auch für die Potenzialarbeit. Aber gerade weil das Glück einen so großen Raum einnimmt und so unterschiedliche Formen annehmen kann, fehlen uns die klaren Begriffe dafür. Deshalb möchte ich zuerst eine Begriffsklärung vornehmen, mit welchen Glücksarten wir es zu tun haben.

Der Philosoph Wilhelm Schmid hat in seinem Buch *Glück* deutsche Bezeichnungen für die verschiedenen Glücksarten vorgeschlagen, für die es in anderen Sprachen, die mit dem Glück nicht so sparsam umgehen wie die deutsche, eigene Worte gibt: Zufallsglück (gr. tyche, lat. fortuna, engl. fortune, luck), Wohlfühlglück (hedone, felicitas, pleasure oder well-being) und Glück der Fülle (eudaimonia, beatitudo, happiness oder bliss). Wir wollen erst einmal bei diesen Bezeichnungen bleiben.

Die Bezeichnung Zufallsglück drückt aus, dass es sich um eine besonders günstige Fügung des Schicksals handelt. Man könnte es also auch Schicksalsglück nennen, da hinter solchen Glücksereignissen oft eine Fügung zu stehen scheint oder ein tieferer Sinn, der sich erfüllt. Dieses Glück lässt sich auf jeden Fall nicht bewusst herbeiführen. Wir können sein Eintreten aber begünstigen, wenn wir auf sich bietende Gelegenheiten achten und bereit sind, mit ihnen in Resonanz zu treten. Ein kohärenter innerer Zustand ist dafür – energetisch gesehen – eine gute Voraussetzung. Der Glückszustand, den wir so erfahren, ist nicht dauerhaft. Die

Erfahrung zeigt, dass das Glückslevel nach einer Zeit der Hochstimmung wieder auf sein altes Niveau zurückgeht.

Das Wohlfühlglück erfahren wir im Erleben dessen, was für uns positiv ist. Das kann ein schönes Erlebnis, ein Erfolg oder einfach ein gutes Gefühl sein. Wir werden in eine positive Stimmung versetzt. Im Unterschied zum Zufallsglück ist dieses Glück bis zu einem gewissen Grad von uns beeinflussbar, wenn wir die Voraussetzungen dafür kennen und über die entsprechenden Mittel verfügen. Bis zu einem gewissen Grad deshalb, weil bei dieser Art des Glücks eine häufige Wiederholung zu Abnutzungseffekten auf der einen und zu einer Erwartungshaltung auf der anderen Seite führt. Beides wird die Intensität des Glückserlebens mindern oder gar sein Eintreten verhindern. Dieses Glück braucht also Abwechslung und Steigerung.

Auch hier haben wir keinen direkten Zugang zum Glück: Wir können durch unsere Einstellung das Glückserleben zwar wahrscheinlicher machen, ob es jedoch tatsächlich eintritt, liegt nicht in unserer Hand. Im Gegenteil, Viktor Frankl spricht in diesem Zusammenhang von der Paradoxie des Glücks: „Je mehr der Mensch nach Glück jagt, umso mehr verjagt er es auch schon."[6] Es ist interessant, dass sich dieser indirekte Zugang zum Glück auch im Belohnungssystem des Gehirns spiegelt. Das Glückshormon Dopamin kann nicht wirken, wenn wir es mit der Nahrung aufnehmen. Es kann die Blut-Hirn-Schranke nicht überwinden. Dopamin wird – etwa wenn wir Schokolade essen – erst im Belohnungszentrum des Gehirns erzeugt.

Zufalls- und Wohlfühlglück kann man auch als episodisches Glück bezeichnen, da es zufällig und vorübergehend ist. Aber beide sind unmittelbarer Bestandteil unserer Existenz.

Das Glück der Fülle schließlich braucht keine konkreten Ereignisse. Es entsteht aus der Fülle des Seins. Dieses Glück der Fülle erfahren wir, wenn wir das Leben in seiner Gesamtheit angenommen haben, mit seinen negativen Seiten, dem Leid, den Widersprüchen und Paradoxien, dem Durchleben von schwierigen Situationen. Es ist die anspruchsvolle Version des Glücks, die Glücksform, von der Dichter, Philosophen und Mystiker schwärmen. Natürlich gilt auch hier, dass wir nur einen vermittelten Zugang zum Glück haben. Aber da wir bereit sind, alles anzunehmen, finden wir in allem Glück, was uns zustößt. Energetisch gesehen bleibt beim Glück der Fülle unser Glückslevel konstant. Wir merken gar nicht, dass wir glücklich sind, da wir einen anderen Zustand als den des Glücks nicht kennen.

Das Glück der Fülle ist unserer Gesellschaft weitgehend fremd geworden. Bei uns sind Glücksvorstellungen vorherrschend, die nahe beim Wohlfühlglück angesiedelt sind.

5.2 Die historische Entwicklung der Einstellung zum Glück

Die antike Philosophie hatte sich noch am Glück der Fülle orientiert. Sie gab nicht nur umfangreiche Anregungen zur Glückserreichung, sondern auch dazu, wie den negativen Seiten des Lebens zu begegnen wäre. Den griechischen und römischen Philosophen ist gemeinsam, dass sie dieses Glück nur durch lange Übung als erreichbar ansehen. Epiktet etwa rät dazu, nur das wichtig zu nehmen, was man kontrollieren könne, nämlich die eigenen Vorstellungen und Gedanken. Demokrit zielte auf das symmetrische Leben ab, das alle Gegensätze ausgleicht und in einer umfassenden Heiterkeit kulminiert. Für Seneca besteht das Glück darin, seiner inneren Natur zu folgen. Aristoteles sieht das Glück in einem tugendhaften, aktiven, anspruchsvoll geistigen Leben unter Freunden. Er wendet hier einen Kunstgriff an, den wir später in der Aufklärung wiederfinden: Er definiert die ihn umgebende gesellschaftliche Welt als höchstes moralisches Gut und bestimmt dieses zum Glück.

Das Christentum des Mittelalters hat den Menschen durch Jahrhunderte einen Sinn für Transzendenz, für das Jenseits ihrer irdischen Existenz vermittelt und ihnen in der Institution der Kirche mit ihren Ritualen und ihren Festtagen ein Gefühl der

Geborgenheit gegeben, hat aber das Glück ins Jenseits verlegt. Das war überaus praktisch, da man so jede Diskussion über Glück im Diesseits für überflüssig erklären konnte.

Die Aufklärung hat sich vom Jenseits abgewandt und vor allem der Vernunft zugewandt. Es geht jetzt darum, immer nach dem Besten für die Gesellschaft und für sich selbst zu streben und darin das Glück zu finden. Zusammen mit dem Darwinschen Konkurrenzprinzip (*survival of the fittest*) ist daraus so etwas wie ein psychologischer Egoismus entstanden: Jeder strebe nach dem Maximieren des eigenen Nutzens bzw. dem Minimieren des eigenen Leids. Der britische Utilitarist Bentham und später auch Adam Smith haben dieses Glücksprinzip zur Nutzenfunktion der Wirtschaft umgewandelt. Ende des 18. Jh. hatte dieses Prinzip in England und Amerika eine so universelle Geltung, dass es als ‚Streben nach Glück' Eingang in die Unabhängigkeitserklärung der Vereinigten Staaten fand. Das hat Nietzsche später zu dem Spruch veranlasst: „Der Mensch strebt nicht nach Glück; nur der Engländer tut das."[7] Auch Kant steht dem Glücksbegriff skeptisch gegenüber. In seiner Pflichtenethik sagt er, dass es für vernunftgeleitete Wesen kein wahres Glück geben könne ohne eine anhaltende moralische Selbstbilligung. Sigmund Freud schließlich kommt zu dem Urteil, dass es Glück nicht geben könne, da der Mensch in der modernen Gesellschaft von zu vielen Zwängen eingeengt sei: „Die Absicht, dass der Mensch glücklich sei, ist im Plan der Schöpfung nicht enthalten."[8]

Wir tun uns in unseren westlichen Gesellschaften mit dem Glück zunehmend schwer. Die Erwartung, dass der technische und wirtschaftliche Fortschritt uns immer zufriedener und glücklicher machen würde, hat zwar zu einer ständigen Zunahme des Konsums und des materiellen Wohlstands geführt, aber nach allen durchgeführten Studien nicht zu einer Zunahme der gefühlten Zufriedenheit. Dennoch ist das nutzenorientierte Wohlfühlglück in unseren Vorstellungen immer noch so stark verankert, dass die Vorstellung von nicht-egoistischen Handlungen darin kaum Platz findet.

Dabei gibt es zahlreiche Befunde, die diese Überlieferung durchaus infrage stellen. Die Psychologin Elizabeth Dunn arbeitet seit langem an der Bewertung von Glücksgefühlen. Sie hat mit ihren Studenten zu diesem Thema eine Reihe von Tests durchgeführt. In einem davon erhielt eine Gruppe der Studenten 50 $ dafür, um sich selbst etwas Gutes zu tun. Die zweite erhielt das Geld, um anderen etwas Gutes zu tun. Das Glücksgefühl war bei der zweiten Gruppe größer und hielt länger an. Die Testteilnehmer – im westlichen Nutzenglück aufgewachsen – hatten vorher gedacht, es sei umgekehrt.

Der Yogi Gopi Krishna widerspricht dieser Einstellung zum Glück sehr dezidiert in einem Gespräch, das er mit Friedrich von Weizsäcker im Rahmen des Buchs *Yoga und die Evolution des Bewusstseins* geführt hat: „Wenn wir die offensichtliche Wahrheit immer noch nicht erfasst haben, dass die Freude am Leben und unser geistiges Glück aus der inneren Quelle unseres Seins strömen – und nicht aus unseren materiellen Besitztümern –, dann fehlt uns das wirkliche Verständnis unserer eigenen Natur."[9]

5.3 Glücksforschung in Sozialwissenschaften und Psychologie

Mittlerweile sind in Soziologie, Psychologie und Verhaltensökonomie viele Ergebnisse gesammelt worden, die unserem Verständnis vom Glück neue Facetten hinzufügen. In allen Untersuchungen der letzten Jahre besteht breite Übereinstimmung, dass zwischenmenschliche Beziehungen der mit Abstand wichtigste Glücksfaktor sind. Geld und Wohlstand finden sich bei den Glücksfaktoren, nach denen in den Untersuchungen gefragt wurde, nicht im vordersten Feld. Das Glückserleben liegt überhaupt weniger in den realen Verhältnissen, als in der Einstellung der Menschen dazu, also darin, wie die Menschen die Welt sehen und erleben. Das hat der Soziologe Ed Diener in seiner aufsehenerregenden internationalen Vergleichsstudie über das Glück als eine der zentralen Thesen herausgestellt. Von der Psychologie widerlegt wurde auch die verbreitete These, dass eine Persönlichkeit und ihre Glücksfähigkeit vor allem durch Genetik und Kindheitserleben geformt wird. Zwillingsstudien haben ergeben, dass das nicht stimmt. Man geht heute davon aus, dass das persönliche Glückspotenzial zu ca. 50% genetisch bedingt und zu 50% formbar ist.

Die positive Psychologie hat sich in den letzten Jahren sehr intensiv mit dem menschlichen Glück beschäftigt. In ihren Untersuchungen hat sie sogenannte Glücksfaktoren gefunden, die für den Glückszustand eines Menschen maßgeblich sind. Sie hat das in der Folge erweitert um negative Glücksfaktoren, die zu minimieren bzw. auszuschalten seien, um Glück zu erreichen. Denn es ist klar: Glück heißt vor allem auch Fehlen von Unglück.

Die wichtigsten Glücksfaktoren sind danach:
- Soziale Beziehungen: Sie sind der mit Abstand wichtigste Glücksfaktor. Gibt es aber häufige Beziehungskonflikte, ist Glück fast ausgeschlossen.
- Gesundheit: Glückliche Menschen haben tendenziell ein besseres Immunsystem und daher ein geringeres Krankheitsrisiko.
- Befriedigende Erwerbsarbeit: Weniger Sorgen, ein höheres Selbstwertgefühl und gesellschaftliche Anerkennung sind gute Voraussetzungen für Glück.
- Persönliche (Entscheidungs-)Freiheit und ein Gefühl der Selbstwirksamkeit; fehlen diese, hat das negative Auswirkungen auf Zufriedenheit und Gesundheit.
- Konzentriert tätig sein können: im Flow sein.
- Die Auseinandersetzung mit dem Sinn des Lebens.
- Für positive Energien/Emotionen sorgen: Z.B. indem wir uns angenehme Erinnerungen ins Gedächtnis rufen.
- Übertriebener Stress in jeglicher Form zeigt dagegen negative Auswirkungen. Dies wurde z.B. bei unregelmäßigem, nicht beeinflussbarem Lärm, dem Zwang zum beruflichen Pendeln oder bei Stress durch nicht aufgelöste innere Widersprüche festgestellt.

Diese positiven und negativen Glücksfaktoren der positiven Psychologie stellen sicher einen Fortschritt dar gegenüber den nutzenorientierten Glücksvorstellungen der klassischen Sozialwissenschaften, sie bilden aber lediglich Korrelationen bzw. Wahrscheinlichkeiten ab, sie sind keine verursachenden Faktoren. Außerdem wird kaum zwischen Zufriedenheit und Glück unterschieden. Keiner der oben aufgezählten Glücksfaktoren führt zwangsläufig zum Glückserleben. Eines aber haben die Studien gezeigt: Glück ist eine zentrale menschliche Kategorie. Das hat auch die Evolutionsbiologie erkannt und widmet sich neuerdings dem Glück. Sie hält Glück aber nicht für einen Zielzustand, sondern für ein Mittel, um die für unser Überleben wichtigen Ziele zu erreichen. Dieses Mittel hat sich in der menschlichen Evolution herausgebildet und entwickelt sich immer weiter.

5.4 Glücksforschung in den Neurowissenschaften

Dass Glückserleben nicht nur ein flüchtiger Zustand ist, sondern dauerhafte messbare Wirkungen hat, haben zuletzt die Neurowissenschaften gezeigt. Sie sind angetreten, um Faktoren zu finden, die das Glück verursachen. Sie verstehen mittlerweile, wie unser Organismus Glück entstehen lässt. Wir empfinden Glück, wenn unser Organismus Glückshormone produziert, vor allem Dopamin und Serotonin. Auch hier wird zwischen zwei Arten des Glücks unterschieden – zwischen dem spontanen, hedonistischen Glück und dem eudaimonistischen Glück, das aus einem erfüllten Leben kommt.

Die beiden Glücksarten werden im Gehirn ähnlich repräsentiert: durch das Zentrum für Belohnung und Zielerreichung in der Mitte des Gehirns (ventales striatum). Dieses ist Teil des limbischen Systems – dem Teil unseres Gehirns, der für die Gefühle zuständig ist – im Zusammenwirken mit dem linken präfrontalen Cortex, unserer evolutionsgeschichtlich jüngsten Gehirnstruktur. Wenn diese Bereiche gut entwickelt und vernetzt sind, wirkt das positiv auf das Glückserleben. Der linke präfrontale Cortex ist der Ort, der in Glückszuständen besonders aktiv ist, während der rechte präfrontale Cortex aktiver ist, wenn Menschen deprimiert sind.

Einer der führenden Forscher zur neurowissenschaftlichen Repräsentation des Glücks ist Richard Davidson. Er hat vor allem die Zusammenarbeit des limbischen Systems mit dem präfrontalen Cortex untersucht (s. dazu auch Anhang 1). Seine Versuche zeigen, dass ganz bestimmte Gehirnareale aktiviert werden, wenn wir glücklich sind und dass man durch Meditation mit dem Fokus auf liebevoller Zuwendung eine messbare Aktivierung dieser Bereiche erzielen kann. Achtsamkeitsmeditation allein hat diese Ergebnisse nicht erreichen können. Davidson hat dabei in zahlreichen Tests Mönche, die eine vieljährige Meditationserfahrung hatten, mit einer Gruppe von Meditationsanfängern verglichen. Beide Gruppen praktizierten die Meditation mit liebevoller Zuwendung. Davidson konnte zeigen, dass die Bereiche des Glückserlebens im Gehirn dynamisch sind, sich also durch Aktivierung verändern. Man muss dies als verursachenden Faktor für die Glückserreichung ansehen. Das Entstehen des Gefühls von liebevoller Zuwendung lässt die Gehirnbereiche unseres Glücksempfindens wachsen. Der Genauigkeit halber sei hinzugefügt, dass das nur für liebevolle Zuwendung gilt, die um ihrer selbst willen praktiziert wird. Es gilt nicht, wenn wir liebevolle Zuwendung für unsere Glücksmaximierung instrumentalisieren wollten.

Davidson ist im Übrigen der Überzeugung, dass Glück kein Zufall und keine Ausnahme, sondern im Menschen angelegt ist (hier trifft er sich mit den Ergebnissen der Soziologie). Wir kommen mit einer angeborenen Neigung zu warmherzigem Austausch zur Welt. Das zeigt sich an Säuglingen, die bereits mit wenigen Monaten keine Scheu vor ihnen fremden Menschen zeigen.

Die Neurowissenschaften haben somit zum ersten Mal gezeigt, dass mindestens bestimmte Arten des Glücks – in diesem Fall das der liebevollen Zuwendung – im Gehirn dauerhafte Spuren hinterlassen. Liebevolle Zuwendung scheint einer der

Zugangswege zum Glück der Fülle zu sein. In diesem Zusammenhang dürfen wir den Dalai Lama zitieren, als jemanden, der *loving kindness* authentisch verkörpert: „Unser ganzes Leben ist eine Antwort auf die Frage: ‚Wie kann ich Glück erlangen?‘"[10]

5.5 Glück und die Potenzialarbeit

Die kurze Zusammenfassung zum Thema Glück macht deutlich, dass es auch für die Potenzialarbeit ein wichtiges Thema ist. Glück ist eines unserer stärksten und wichtigsten geistigen Potenziale. Wir können es wahrnehmen, in seiner Intensität messen und wir können es beeinflussen, wie Richard Davidson gezeigt hat. Dies aber nur indirekt, indem wir Dinge tun, die uns glücklich machen. Dazu gibt es eine Reihe von Möglichkeiten. Da ist einmal das Praktizieren der liebevollen Zuwendung als zugegeben anspruchsvolle Form der Potenzialarbeit. Sie findet Bestätigung nicht nur durch die Neurowissenschaften, sondern auch durch das Pendel. Wenn wir nach den für das Glückserleben wichtigen Charaktermerkmalen fragen, sind stets liebevolle Zuwendung und achtsame innere Ausrichtung (die Charaktermerkmale 1 und 40 der Tabelle) darunter.

Ähnlich anspruchsvoll ist es, den Zugang zum Glück über die Auseinandersetzung mit dem Sinn zu finden. Der Psychologe Viktor Frankl hat diesem Thema sein umfangreiches Werk gewidmet. Für ihn ist der Mensch ein Wesen auf der Suche nach Sinn und immer auf etwas ausgerichtet, das nicht wieder er selbst ist. Das kann Sinn sein, dem er nachgeht, oder der ihm in einem anderen Menschen begegnet. In dieser Suche nach Sinn ist immer ein Element der Transzendenz, der Selbstüberschreitung enthalten. Sein ebenso berühmter Kollege Erich Fromm hat dafür eine schöne Formulierung gefunden: „Wir stehen vor der paradoxen Lebensaufgabe, unsere Individualität zu verwirklichen und sie gleichzeitig zu transzendieren, um zum Erlebnis der Universalität zu gelangen. Nur das ganz entwickelte individuelle Selbst kann das Ego aufgeben."[11] Für Frankl strebt der Mensch nicht das Glücklichsein an sich an, sondern den Grund zum Glücklichsein. Sobald dieser Grund gefunden ist, stellt sich das Glück von selbst ein. Es sind oft die ganz einfachen Dinge, die diesen Grund zum Glücklichsein bilden: uns mit Freunden treffen, eine Tätigkeit, die uns erfüllt, körperliche Aktivität, gemeinsamer Sport, das Feiern von gemeinsamen Erfolgen und vieles mehr. Ich würde auch die Arbeit an unseren Potenzialen dazu zählen. Wenn wir die Schönheit und Komplexität des Zusammenspiels unserer Potenziale erkennen und erfahren, finden wir uns im Grund des Glücklichseins. Was sich dabei zeigt, ist, dass es für das Glück eher auf unsere Einstellungen und Gewohnheiten ankommt, wie uns das die Antike, die östliche Spiritualität, aber auch die westliche Soziologie nahelegen und weniger auf unser Denken und Entscheiden, dem wir im Westen so große Bedeutung beimessen.

Deshalb sollten wir die Wahrnehmung des Glücksempfindens in die Potenzialarbeit mit einbauen, als Rückmeldung zu unseren Aktivitäten, an der wir ihren Erfolg ablesen können. Es wäre allerdings nicht zielführend, wenn wir unsere Aktivitäten daran ausrichten, dass sie uns glücklich machen. Da würden wir das Franklsche Glücksparadoxon heraufbeschwören. Wir sollten dabei bleiben, die Aktivitäten der Potenzialarbeit nach dem Besten für unsere Potenziale zu planen.

6 Im Einklang mit den Potenzialen

Zum Ende des Buches wird die geneigte Leserin, der geneigte Leser vielleicht etwas erschrocken sein angesichts des doch nicht unerheblichen Aufwands, den wir für die Potenzialarbeit zu treiben haben und der mindestens auf den ersten Blick ungewöhnlichen Methoden, die wir dafür anwenden. Der Aufwand erscheint schon deshalb hoch, da wir einen solchen vorher gar nicht auf der Rechnung hatten. Und es stimmt ja auch, dass Zeit und Mühe aufzubringen sind, um die Voraussetzungen zu schaffen, aktive Potenzialarbeit zu betreiben. Dazu gehört, unsere Potenziale kennenzulernen und zu erfühlen. Dazu gehört auch, aus der Erfahrung heraus zu lernen, wie wir die Energien unserer Potenziale am besten nutzen können. Dazu kommt schließlich, dass wir unsere Erfahrung an Methoden und Techniken schulen. Diese Methoden und Techniken brauchen wir, um uns in der geeigneten Form auszurichten und uns mit unseren Potenzialen zu verbinden, um wirksame energetische Impulse zu geben. Das Pendel ist das ideale Instrument, um uns dabei zu unterstützen. Es ist die Stütze für unsere Intuition, nicht mehr und nicht weniger.

Es ist nun Zeit, Resümee zu ziehen über unsere Erfahrungen mit der Potenzialarbeit.

Ich möchte dieses Resümee in zwei Abschnitte teilen. Im ersten möchte ich darauf eingehen, was die Potenzialarbeit an kurzfristigen Erkenntnissen und Erfahrungen bringt. Im zweiten gehe ich darauf ein, was sich auf lange Sicht für unsere Einstellung zum Leben und zur Welt ändern wird.

Die Punkte, die ich dafür aufzähle, entstammen der eigenen Erfahrung mit der Potenzialarbeit und sind durch andere Erfahrungen beliebig zu ergänzen. Dass es eine ganze Reihe von Punkten ist, hat mich gefreut. Es zeigt, dass die Potenzialarbeit einen wichtigen Nerv unserer Zeit trifft.

Die kurze Sicht:

- Wir merken, dass wir mit unseren Aufgaben und mit unseren Mitmenschen, wie auch diese mit uns besser zurechtkommen, dass wir in unserer Arbeit effektiver sind und dass unsere Lebenszufriedenheit steigt.

- Für einzelne unserer Alltagsprobleme haben wir Lösungen gefunden. Von anderen Themen konnten wir uns verabschieden, da wir festgestellt haben, dass sie für uns – mindestens im Moment – nicht relevant sind.

- Dadurch, dass wir mit unseren Störenergien besser umgehen und gelernt haben, sie zu vermeiden, haben wir Stress abgebaut und mehr Energie für uns.

- In der Auseinandersetzung mit unseren Bedürfnissen kommt es zu einem Wechsel der Perspektive. Wir erfahren, dass wir die Lösungen für sie in unserem Inneren finden.

- Dadurch, dass wir uns mit unseren Potenzialen auseinandersetzen, erlangen wir ein besseres Verständnis für unser Handeln und unsere Reaktionen auf die Mitmenschen. Wir gewinnen ein besseres Verhältnis zu uns selbst.

- Durch die Unterstützung des Pendels bei unseren Alltagsentscheidungen vermeiden wir Unsicherheit und Stress und gewinnen neuen Freiraum.

- Wir haben die Erfahrung gemacht, dass Potenzialarbeit funktioniert. Wir haben gelernt, auf Potenziale zu reagieren, aber auch, sie zu beeinflussen. Ja, dass wir es in der Hand haben, unsere Potenziale so zu beeinflussen, dass wir mit ihnen in einen Zustand der Harmonie gelangen. Daraus schöpfen wir die Zuversicht, zu einem konstruktiven Miteinander mit unseren Potenzialen zu finden.

- Wir haben gelernt, dass Potenzialarbeit einen langen Atem braucht. Manche Lösungen erschließen sich uns erst, wenn wir an Fragestellungen mit einer neuen Einstellung herangehen.

Die lange Sicht:

- Mit der Potenzialarbeit sind wir auf einem guten Weg, unsere Begabungen und Fähigkeiten zu entwickeln. Jeder Mensch hat aufgrund seiner Anlagen und seiner individuellen Vorgeschichte ein einzigartiges Potenzial, das zu seiner Förderung auch einer individuellen Entwicklung bedarf. Indem wir dieses Potenzial freilegen und nach und nach entfalten, erfahren wir eine Annäherung an unseren Lebenssinn. Das ist etwas, was die Glücksforschung als wesentlichen Beitrag zum persönlichen Glück ausgemacht hat.

- Durch unsere Erfahrungen mit der Potenzialarbeit wird es uns mehr und mehr gelingen, in unserer Mitte zu bleiben. Dadurch bleiben wir durchlässig für die Energien unserer Potenziale. Es liegt dann an uns, sie natürlich weiterfließen zu lassen, in unsere Aktivitäten hinein und auf Mitmenschen und Natur. Wenn wir es schaffen, im Fluss zu bleiben, können wir auch in herausfordernden Situationen bei uns bleiben. Aus all dem kann sich eine Haltung entspannter Gelassenheit entwickeln.

- Aus dem Gefühl für unsere Potenziale gewinnen wir mehr Leichtigkeit im Umgang mit ihnen. Wir können mit ihnen gleichsam spielerisch umgehen. Wir können uns auf eines der stärkenden Potenziale einstellen – vielleicht die Liebe, das Vertrauen oder die Freude, oder auf eines der Potenziale, die wir entwickeln wollen – und die Energie fühlen, die aus diesen Potenzialen zu uns kommt. Das gibt uns Zuversicht und schenkt uns Energie, die wir im täglichen Leben brauchen.

- Bei einzelnen Beispielen zur Potenzialarbeit hat sich gezeigt, dass es dabei nicht einfach um ein Mehr vom Gewohnten, sondern um etwas qualitativ Neues geht, um spirituelle Entwicklung. Es ist dies der Weg einer spirituellen Lebenskunst im weitesten Sinn, da wir uns auf unser Inneres ausrichten, „auf das subjektive Erleben einer sinnlich nicht fassbaren und rational nicht erklärbaren transzendenten Wirklichkeit, die der materiellen Welt zugrunde liegt", wie es in Wikipedia zum Thema Spiritualität formuliert ist. Das führt uns weg von der ichbezogenen Sicht zu einer weiteren, universalen, einschließenden Sicht, aus der wir Stärkung und Hilfe erfahren.

- Wir wurden mit einer für uns neuen Dimension vertraut, mit der Welt der Potenziale. Das stellt eine neue menschliche Grunderfahrung dar: Der Geist ist Grund für jede Manifestation im Kosmos – was uns die Quantenphysik gezeigt hat und was die spirituellen Schriften schon immer gesagt haben. Wir erfahren das aus unserer Verbindung mit den Potenzialen. Dass wir diese Verbindung als harmonisch erfahren können, zeigt uns, dass wir uns in dieser kosmischen Ordnung aufgehoben fühlen dürfen.

- Mit dem neuen Verständnis für unsere Potenziale können wir nicht anders, als die unvorstellbar hohe Komplexität und Intelligenz der geistigen Steuerung jeder Ebene des Universums anzuerkennen, einschließlich der Steuerung, die unsere Existenz zum Gegenstand hat. Da wir unauflösbarer Teil des Ganzen sind, haben wir auch teil an den Prinzipien dieser Steuerung. Und genau das, diese Prinzipien zu verstehen und richtig anzuwenden, ist das höchste Ziel der Potenzialarbeit.

ANHANG 1
Koordinaten eines neuen Welt- und Menschenbilds

Manches, was in diesem Buch zum Thema Energie und Potenziale ausgeführt wird, scheint nur schwer mit den Vorstellungen vereinbar zu sein, die wir von der Natur und ihren Regeln und Gesetzmäßigkeiten haben. Das liegt vor allem daran, dass wir viele wissenschaftliche Erkenntnisse der letzten Jahre und Jahrzehnte nicht in unsere Vorstellungen aufgenommen haben. Das gilt zunächst für die Erkenntnisse der Quantenwissenschaften, also von Quantenphysik, -chemie und -biologie, aus denen sich eine neue Sicht auf die Materie ergibt. Das gilt aber auch für die Humanwissenschaften, die uns ein neues Verständnis von der Natur des Menschen, insbesondere der Rolle und Funktion seines Geistes vermitteln. Diese neuen Erkenntnisse lassen plausibel erscheinen, was im Rahmen dieses Buchs über den menschlichen Geist und seine Potenziale gesagt wurde.

Um die Leserin, den Leser auf den Stand dieser neuen Entwicklungen zu bringen, sei in groben Zügen nachgezeichnet, auf welchen Prinzipien und Leitsätzen das traditionelle ‚klassische' Welt- und Menschenbild aufbaut und was das Neue ist, das von den Wissenschaftlern in den letzten Jahrzehnten entdeckt wurde und das geeignet ist, ein neues Welt- und Menschenbild entstehen zu lassen.

Das klassische Welt- und Menschenbild

Das Weltbild der westlichen Gesellschaften ist in weiten Bereichen das der klassischen Physik. Es hat sich aus dem Denken der Aufklärung heraus entwickelt und orientiert sich an den Naturwissenschaften und ihrer Methodik. Diese geht von der Erkennbarkeit der objektiven Wirklichkeit der Natur aus, die auf grundsätzlich messbaren Wirkungen beruht. Der Mensch als Beobachter der Natur wird als von ihr getrennt angenommen. Die Methode, um die Phänomene der Natur zu verstehen, besteht darin, sie in kleinste Teile zu zerlegen und unabhängig voneinander zu untersuchen. Die Grundkräfte, die dabei entdeckt werden, führen zu gesetzmäßigen Abläufen mit messbaren und wiederholbaren Ergebnissen. Der Kosmos, seine Entstehung und die Naturgesetze können allein aus diesen messbaren Energien und Kräften der Materie vollständig erklärt werden. Hierzu ist allerdings kritisch anzumerken, dass bereits Kant gezeigt hat, dass wir in die Beobachtung der Natur Grundtatsachen mit einbringen, die wir nicht der Natur entnehmen, wie Substanz, Raum, Zeit, Quantität oder Kausalität. Wir können also nicht den Anspruch erheben, objektive Realität zu erkennen, wir interpretieren sie mithilfe von Vorannahmen.

Das Geistige findet keinen eigenständigen Platz in dieser Methodik. Jede geistige Form, auch der menschliche Geist, entstammt nach diesem Weltbild der Materie. Er ist ihr sogenanntes ‚Epiphänomen', also eine aus der Materie entstandene Form. Geist könne Materie schon deshalb nicht beeinflussen, da kein von ihm ausgehender Energiefluss nachzuweisen sei. Die klassischen Naturwissenschaften sehen daher im Bewusstsein einen passiven Beobachter ohne Einfluss auf die Naturvorgänge. Erwin Schrödinger, einer der Gründerväter der Quantenphysik, hat diese Einschätzung treffend kritisiert: „Der Grund dafür, daß unser fühlendes, wahrnehmendes und denkendes Ich in unserem naturwissenschaftlichen Weltbild nirgends auftritt, kann leicht in fünf Worten ausgedrückt werden: Es ist selbst dieses Weltbild. Es ist mit dem Ganzen identisch und kann deshalb nicht als ein Teil darin enthalten sein."[12]

Mit dieser Methodik wurden jedenfalls bahnbrechende Erfolge erzielt, die sich in einem enormen wirtschaftlichen und technischen Fortschritt niederschlugen. Das führte in der Folge dazu, dass sich auch viele Humanwissenschaften an der gleichen Methodik ausrichteten: Medizin, Biologie, sogar Psychologie und Sozialwissenschaften einschließlich der Ökonomie begannen, mit empirisch-rationalen Methoden zu arbeiten. Das Menschenbild dieser Wissenschaften näherte sich den verwendeten Methoden an: Der Mensch ist danach für Medizin und Biologie vor allem

Maschine, für die Sozialwissenschaften vor allem Vernunftwesen, das seinen Nutzen objektiv einschätzen und damit für sich selbst wie für die Gesellschaft optimal handeln kann. Der Begriff des Homo oeconomicus ist bis heute ein wirtschaftswissenschaftlicher Leitbegriff. Das aus dem Darwinschen Postulat des Überlebens des Tüchtigsten (*survival of the fittest*) abgeleitete Konkurrenzprinzip nimmt in den Wirtschaftstheorien bis heute einen dominierenden Platz ein. Es leitet seinen Anspruch daraus ab, dass der größte Nutzen für die Gesellschaft dann erzielt wird, wenn sich die Marktteilnehmer mit dem größten wirtschaftlichen Erfolg durchsetzen. Vom Menschen im Allgemeinen hatte man allerdings kein gutes Bild. Der Philosoph Thomas Hobbes prägte im 17. Jahrhundert mit seinem Buch *Leviathan* die Vorstellungen, als er vom Krieg aller gegen alle sprach. Dieser drohe, wenn man die Menschen sich selbst überließe. Dieser Krieg könne nur durch einen streng ordnenden Staat verhindert werden. Weise Politiker müssten den Menschen helfen, den Ausgang aus dieser Situation zu finden. Dieses Bild wirkt bis heute nach.

Das neue Welt- und Menschenbild

Infrage gestellt wurde das klassische Weltbild vor allem durch die experimentellen Befunde von Quantenphysik, -chemie und zuletzt -biologie. Als man die kleinsten Materieteilchen messtechnisch erfassen konnte, zeigte sich, dass sich die Natur im Bereich dieser kleinsten Teilchen anders verhält, als man bisher annahm. Diese Teilchen haben – je nachdem, wie sie beobachtet werden – Wellen- oder Teilchennatur und verhalten sich in ihrer Wellennatur ganz anders, als man dies von der Makromaterie (also größeren Materieansammlungen) kennt. Dies kann man allerdings nur aus den von ihnen ausgehenden Wirkungen ableiten. Als Teilchen sind sie dann nicht messbar. In ihrer Wellennatur verfügen sie über Fähigkeiten, die wir von Makromaterie nicht kennen: Sie können – im sogenannten Tunnelprinzip – ohne Zeitverzug und Energieeinsatz Energieschranken überwinden. Sie haben gleichzeitig mehrere virtuelle, also mögliche Zustände, von denen sie einen zum Übergang in den Teilchenzustand auswählen. Deshalb wird der Zustand der Wellennatur auch Potenzialzustand genannt, da in diesem Zustand alle Möglichkeiten eines Teilchens bzw. einer Teilchenansammlung enthalten sind, die sich in der materiellen Welt manifestieren können. Die Teilchen können sich in diesem Zustand mit anderen Teilchen verbinden – in der sogenannten Verschränkung. Sie bleiben dann dauerhaft in dieser Verbindung und reagieren aufeinander über beliebige Entfernungen und ohne Zeitverzug. Die Quantentheorie ist eine statistische Theorie. Sie macht sehr genaue Aussagen über das statistische Verhalten vieler Teilchen, kann aber das Verhalten einzelner Teilchen nicht vorhersagen. Das Bewusstsein spielt eine zentrale Rolle in den Quantenvorgängen. Alle Übergänge im Quantenbereich – also vom Wellen- in den Teilchenzustand und umgekehrt – sind nichtdeterministisch, sie werden durch einen Akt des Bewusstseins ausgelöst. So auch das Diktum von Niels Bohr: „Realität wird durch Beobachtung geschaffen."[13]

Diese Besonderheiten der Wellennatur der kleinsten Teilchen wurden zunächst von den Quantenphysikern an einzelnen, isolierten Teilchen entdeckt. Mittlerweile wissen wir, dass diese Besonderheiten nicht nur für einzelne Teilchen gelten, sondern auch für Ansammlungen von Teilchen, also für Makromaterie. Voraussetzung ist, dass sich die Makromaterie in einem kohärenten Zustand befindet, also im Gleichklang schwingt. Verschränkung an Makromaterie konnte erstmals im Jahr 2010 gezeigt werden. Professor Ian Walmsley führte eine Verschränkung zwischen zwei kleinen, getrennt aufgestellten Diamanten durch. Die Diamanten wurden durch einen gemeinsamen Laserpuls verschränkt und reagierten für ganz kurze Zeit messbar als nicht als getrennte Einheiten.

Erwin Schrödinger hat bereits 1944 in seinem Buch *Was ist Leben* postuliert, dass das Leben mit seinen die Ordnung erhöhenden – negentropischen – Prozessen nur auf quantenphysikalischen Prinzipien aufbauen könne. Dass dem tatsächlich so ist, ist in dem schönen Buch *Life on the Edge* von Jim Al-Khalili und

Johnjoe McFadden an einer Reihe von experimentell bestätigten Beispielen dargestellt. Man hat vor Kurzem nachgewiesen, dass die kohärenten Quantenzustände bei Pflanzen dadurch aufrechterhalten werden, dass ihre Moleküle im Rhythmus ihrer Umgebung mitschwingen. In dem Buch findet sich auch ein Beispiel für die Anwendung des Tunnelprinzips in lebenden Organismen. Unser Geruchssinn funktioniert nach diesem Prinzip: Duftmoleküle streichen an Rezeptormolekülen vorbei. Haben sie dieselbe Schwingungsrate, tunnelt ein Elektron des Duftmoleküls zum Rezeptormolekül und löst dort das Feuern des entsprechenden Neurons aus.

Der Quantenchemiker Lothar Schaefer hat ein Instrument der Natur entdeckt, mit dem die Vorgänge bei der Molekülbildung – also der Synthese von Molekülen aus Atomen – gesteuert werden. Diese Steuerung erfolgt durch von ihm so genannte kosmische Potenzialfelder. Dabei bestimmen die möglichen Wellenformen der beteiligten Atome, welche Moleküle entstehen können. Dies konnte Schaefer mithilfe der Schrödingerschen Wellengleichung rechnerisch zeigen, da die Potenzialfelder messtechnisch nicht erfassbar sind. Solche Potenzialfelder scheinen ein universelles Werkzeug der Natur zu sein, das nicht nur für die Molekülbildung, sondern auch für Pflanzen, Tiere und Menschen zur Anwendung kommt. Allein in unserem Körper kommen diese Potenzialfelder in jeder Sekunde millionenfach zur Anwendung.

Das alles zeigt bereits auf der Ebene der kleinsten Materieteilchen eine unvorstellbar komplexe Logik der Steuerung der Naturvorgänge, die wir erst langsam zu verstehen beginnen. Man kann ohne Übertreibung sagen, dass der Geist wieder in die Natur und in die Naturwissenschaften eingezogen ist: als Intelligenz zur Steuerung von Naturvorgängen, als Bewusstsein, das aus den Formen des Möglichen auswählt, oder – in der Form einer Verschränkung – als Verbindung zum Austausch von Informationen. Materie und Geist bilden somit eine Einheit. In der Formulierung von Max Planck liest sich das so: „Als Physiker, der sein ganzes Leben der nüchternen Wissenschaft, der Erforschung der Materie widmete, bin ich sicher von dem Verdacht frei, für einen Schwarmgeist gehalten zu werden. Und so sage ich nach meinen Erforschungen des Atoms dieses: Es gibt keine Materie an sich. Alle Materie entsteht und besteht nur durch eine Kraft, welche die Atomteilchen in Schwingung bringt und sie zum winzigsten Sonnensystem des Alls zusammenhält. Da es im ganzen Weltall aber weder eine intelligente Kraft noch eine ewige Kraft gibt – es ist der Menschheit nicht gelungen, das heißersehnte Perpetuum mobile zu erfinden – so müssen wir hinter dieser Kraft einen bewußten intelligenten Geist annehmen. Dieser Geist ist der Urgrund aller Materie."[14]

Die Humanwissenschaften haben in den letzten Jahren unser Bild von der Natur des Menschen, aber auch vom menschlichen Geist deutlich erweitert und aufgehellt. Die Anthropologie zeigt uns, dass wir nicht die vernunftbetonten Einzelwesen sind, die materialistisch nur auf den eigenen Vorteil aus sind und durch allseitige Konkurrenz zu Höchstleistungen angespornt werden. Der Mensch ist zuallererst Gruppenwesen. Der Anthropologe Joseph Henrich hat in seinem Buch *The Secret of our Success* gezeigt, dass vor allem das kulturelle Lernen in Gruppen unseren Entwicklungsvorsprung gegenüber den anderen Primaten erklärt. Unsere Stärke liegt nicht in Konkurrenz und genialer Einzelleistung, sondern in der Nachahmung. Die soziale Intelligenz ist auch die einzige Intelligenzform, in der wir z. B. den Schimpansen überlegen sind, dort allerdings um Größenordnungen. Der Mensch will zu einer Gemeinschaft gehören. Diejenigen Gruppen waren in der Evolution erfolgreich, die durch Zusammenhalt und Zusammenarbeit die größte Gruppenzahl erreichten und damit die Wahrscheinlichkeit erhöhten, die leistungsfähigsten Werkzeuge zu erzeugen. Das Wissen um die Anfertigung von Werkzeugen oder über die Auswahl und richtige Zubereitung der Nahrung war überlebenswichtig für diese Gruppen. Dieses Wissen wurde von den erfahrenen Gruppenmitgliedern mündlich an die Jüngeren weitergegeben. Im Zuge dieser Entwicklung bildeten sich Normen und Verhaltensregeln heraus, die die weitere Existenz der Gruppe sicherstellten. Das wirkt bis heute: Wir sind

Normbefolger. In Tests mit Kleinkindern hat sich gezeigt, dass abweichendes Verhalten schon von einjährigen Kindern sanktioniert wird – ohne dass sie das von ihren Eltern abgeschaut hätten. Menschenaffen tun das in gleichen Situationen nicht. Und wir lernen gerne – durch Nachahmung und vor allem dann, wenn das zu Lernende mit unserer Lebenswirklichkeit zu tun hat. Ähnliche Forschungsergebnisse werden von den Neurowissenschaften beigesteuert. Der Mensch ist von seiner Prägung her altruistisch und prosozial, er wendet sich gerne und aufmerksam anderen zu. Michael Tomasello hat dazu Versuche mit Kleinkindern angestellt. Er hat Spielsituationen geschaffen, in denen Kinder anderen helfen sollten. Manche Kinder erhielten dafür eine Belohnung. Tomasello konnte zeigen, dass die Bereitschaft zu helfen auch ohne Belohnung gegeben war. Im Gegenteil, in der Gruppe, in der die Kinder nach jeder Aktion belohnt wurden, hörten die Kinder auf zu helfen, wenn die Belohnung ausblieb.

Der Historiker Rutger Bregman hat das ebenso lehrreiche wie provozierende Buch *Im Grunde gut* geschrieben. Er hinterfragt darin kritisch die Geschichte vom grundlegend Bösen des Menschen, die Thomas Hobbes wirkmächtig verbreitet hat und setzt dagegen das positivere Bild vom Menschen, das die Anthropologie heute zeichnet. Bregman führt archäologische Berichte, psychologische Studien und Zeitungsberichte an, beispielsweise die Geschichte vom Niedergang der Osterinsel. Bis heute hält sich nicht nur in den Medien, sondern auch unter Ethnologen und Archäologen die Auffassung, dass sich die Bewohner der Osterinsel vor dem Eintreffen der ersten Europäer gegenseitig abgeschlachtet hätten. Außerdem hätten sie ihre Insel mutwillig entwaldet, um ihre Moai-Monumente auf Baumstämmen ans Ende der Insel zu transportieren. Tatsächlich gibt es aber auf der Insel keinerlei archäologische Spuren für ein solches Massaker. Für das Aufstellen der etwa tausend Monumente wären circa 15.000 Bäume benötigt worden, was bei der Größe der Insel und dem langen Zeitraum, in dem Monumente aufgestellt wurden, nie eine Entwaldung bedeuten würde. Jüngste Untersuchungen ergaben nun, dass der Grund für die Entwaldung der Insel in einer Rattenplage gesucht werden müsse. Die Ratten waren von den Inselbewohnern – von Polynesien kommend – eingeschleppt worden, hatten sich dank des Fehlens von Fressfeinden maßlos vermehrt und wohl alle Samen der Bäume aufgefressen. Als weiteres Beispiel für seine These führt Bregman das berühmte Gehorsamsexperiment von Stanley Milgram an. Milgram wollte eine psychologische Erklärung dafür liefern, dass im Nationalsozialismus so viele Menschen zu verbrecherischen Handlungen bereit waren. Er wollte mit seinem Experiment zeigen, dass Menschen einer Autorität blind gehorchen und bereit wären, dafür auch Böses zu tun, im schlimmsten Fall den Tod eines Menschen herbeizuführen. Die Teilnehmer an dem Experiment spielten ‚Lehrer‘ und sollten ihren ‚Schülern‘, die sich in einem anderen Raum befanden, Stromstöße erteilen, wenn sie falsche Antworten gaben. Bei wiederholt falschen Antworten sollten sie die Stärke der Stromstöße steigern. Die Ergebnisse des Experiments waren überaus eindrucksvoll und schienen Milgram zu bestätigen. Was jedoch nicht berichtet wurde, ist, dass keiner der Probanden weitermachte, wenn der Leiter des Experiments sagte: „Sie müssen jetzt weitermachen.“ Sie waren also gerade nicht zu dem absoluten Gehorsam bereit, den Milgram aus seinem Experiment herausgelesen hat. Die meisten Teilnehmer brachen das Experiment im Übrigen ab, wenn sie den Eindruck hatten, die Stromstöße wären echt. Im Anschluss an das Experiment äußerten viele der Teilnehmer, dass es ihnen wichtig gewesen wäre, der Wissenschaft einen Dienst zu erweisen. Das Experiment war also weniger eine Demonstration dafür, wie schnell Menschen ins Böse verfallen können, sondern dafür, wie leicht sie sich verführen lassen, wenn sie meinen, einer guten Sache zu dienen.

Was den beiden Geschichten gemeinsam ist und vielen weiteren, über die Bregmann berichtet, ist die Tendenz, das Böse, Zerstörerische oder Verwerfliche, das es historisch ausreichend gegeben hat, für bare Münze zu nehmen und es vor dem Hintergrund des ‚natürlichen‘ Bösen logisch erscheinen zu lassen. Diese Tendenz wird von zahlreichen Medien noch verstärkt. Sie pflegen über negative Sensationen mit hohem Aufmerksamkeitswert groß zu berichten. Man erfährt aber kaum etwas, wenn sich herausstellt, dass es diese Sensationen gar nicht gegeben hat, dass sie aufgebauscht oder sogar bewusst herbeigeführt wurden. Dabei – wenn man die Erkenntnisse der Anthropologie wie die der Historiker ernst nimmt – wird klar, dass das Böse vor allem dort entsteht, wo sich feindliche Gruppen bilden. Wenn wir also das Böse verhindern wollen, sollten wir darauf achten, uns nicht in Gruppen einteilen zu lassen, ob das nun Sprachgruppen, Volksgruppen, Religionsgruppen oder sonstige Gruppen sind.

Die Verhaltensökonomie als neue Sparte der Sozialwissenschaften hat den Weg eingeschlagen, das Modell des Menschen, das den ökonomischen Theorien zugrunde liegt, experimentell auf seinen Realitätsgehalt zu überprüfen. Daniel Kahneman hat in Zusammenarbeit mit Amos Tversky die Frage untersucht, ob der Mensch wirklich das Vernunftwesen ist, das seinen Nutzen objektiv einschätzen kann. Auf der Basis vieler Experimente kamen sie zu dem Ergebnis, dass für den Menschen die Gefühle zentral sind, nicht die Vernunft. Die Ergebnisse sind in dem Buch *Schnelles Denken, langsames Denken* zusammengefasst. Für diese Arbeiten erhielt Kahneman 2002 den Wirtschaftsnobelpreis.

Kahneman nennt den Bereich der mehr intuitiven geistigen Tätigkeit unter Einbeziehung der Gefühle System 1, den Verstand mit dem logisch-intentionalen Denken System 2. Im Alltag bewegen wir uns vorzugsweise in System 1, da das weniger anstrengend ist. Wir sind vertrauensvoller, kreativer und intuitiver, aber auch leichtgläubiger. Wir versuchen vor allem, zu angenehmen Gefühlen zu kommen. Für viele Aufgaben – Intuition, Erinnern, Vergleiche anstellen, Kommunikation – ist es besser geeignet, da wir aus einem größeren Wissenspool, dem Unbewussten, auswählen bzw. besser auf Signale eingehen können. Aus System 1 baut sich unsere Selbsteinschätzung auf, nur ist uns das nicht bewusst. Nun hat es die Evolution so eingerichtet, dass wir – was uns selbst und unsere nähere Umgebung betrifft – unbegründet optimistisch sind. Beispielsweise halten sich 90 % der

Autofahrer für überdurchschnittlich gute Fahrer. Die Psychologie nennt diese Einseitigkeit der Wahrnehmung Ingroup-Bias. Leider hat dieses Bias nicht nur harmlose Folgen wie bei der Selbsteinschätzung der Autofahrer. Die Anwendung dieser Sicht auf die eigene gegenüber anderen Menschengruppen hat jedoch in der Geschichte immer wieder zu folgenreichen Fehleinschätzungen geführt.

System 2 ist anstrengend, wir meiden es gern. Es ist für Selbstkritik und logische Kontrolle zuständig. Wenn wir entscheiden, tendieren wir allerdings dazu, den Emotionen von System 1 zu folgen, auch wenn wir gedanklich-logisch vom Gegenteil überzeugt sind. Das Bestreben, unsere Gefühle nicht durcheinanderzubringen, ist meist stärker und behält im Konflikt mit dem Intellekt die Oberhand. System 2 liefert lediglich die nachträgliche Begründung bzw. Rechtfertigung. Wir glauben aber trotzdem, dass es die Vernunft war, die entschieden hat – auch, weil uns die Vernunftgründe bewusst sind.

Was die Verhaltensökonomie zu unserer Nutzenschätzung herausgefunden hat, passt in dieses Bild. Die Nutzentheorien der Nationalökonomie gehen davon aus, dass wir unseren Nutzen objektiv einschätzen können. Das ist aber mitnichten so. Wir fühlen zwar Unterschiede sehr genau, können sie aber nur ungenau bewerten. In die Bewertung von Unterschieden gehen immer das Ausgangsniveau und der zuletzt wahrgenommene Zustand verstärkt mit ein. Für einen Millionär bedeutet der Gewinn oder Verlust von 100 € etwas völlig anderes als für einen Sozialhilfeempfänger. Und wir haben eine starke Verlustaversion. Wir wollen Verluste vermeiden, wann immer es geht – selbst wenn wir dadurch objektive Nachteile erleiden.

Die Verhaltensökonomie zeigt uns damit, dass das Bild vom Menschen als einem von der Logik gesteuerten Vernunftwesen nicht zutreffend ist. Angestoßen durch diese Arbeiten setzt sich mittlerweile in der Wirtschaft und in den Wirtschaftswissenschaften ein anderes Denken durch. Partnerschaftliche Strategien gelten nicht nur als erfolgreicher, wir können davon ausgehen, dass sie sich in unseren großen, vernetzten Gesellschaften zwangsläufig durchsetzen werden. Und es hat sich in allen durchgeführten soziologischen Untersuchungen gezeigt, dass Organisationen, die ein hohes Maß an Vertrauen, Zusammenarbeit, Ehrlichkeit, Motivation haben sowie eine Vision anbieten, die von vielen Menschen geteilt wird, nicht nur beliebter, sondern auch erfolgreicher sind.

Nun ist es nicht Gegenstand der Verhaltensökonomie zu erklären, wie Bewusstsein, Gefühle und Vernunft im menschlichen Geist zusammenwirken. Diese Aufgabe haben zuletzt immer mehr die Neurowissenschaften übernommen. Sie haben uns damit ein besseres Verständnis für das Funktionieren unseres Geistes vermittelt. Der Neurowissenschaftler Paul MacLean hat dazu ein Drei-Schichten-Modell unseres Gehirns entwickelt, das heute allgemein akzeptiert ist. Wir verfügen über drei entwicklungsgeschichtlich unterschiedene Gehirnebenen, das Reptilien-, das Altsäuger- und das Neusäugergehirn.

Das *Reptiliengehirn* ist zuständig für die Sensomotorik. Es geht um Nahrung, Angriff/Verteidigung, Fortpflanzung und Territorium. Wir haben hier auch Prozeduren zur Täuschung unserer Angreifer bzw. unserer Beute entwickelt. Im Stress fallen wir häufig darauf zurück. Dieser Gehirnbereich wird regiert von Lust und Angst, Aggressivität und Herdeninstinkt. Die Steuerung übernimmt das vegetative Nervensystem.

Das *Altsäugergehirn* (Gefühlsgehirn) ist im limbischen System des Gehirns angesiedelt, das direkt mit dem Herzen verbunden ist. Es ist zuständig für Gedächtnis, Gefühlsbeziehungen, Träume, Unterbewusstsein und Immunsystem. Das Belohnungssystem ist Teil des limbischen Systems und steuert unser Verhalten mit guten oder schlechten Gefühlen. Unser Zorn- und Angstzentrum (die Amygdala) hat großen Einfluss darauf, wie wir auf Ereignisse reagieren.

Das *Neusäugergehirn* (Neocortex) ist zuständig für Neugierverhalten, Reflektion, Planung, Logik, Unterscheidung, auch für ethisches Verhalten. Es unterscheidet nach den beiden Gehirnhälften; die rechte begleitet unsere Denkprozesse mit Gefühlen, steht für ganzheitliche Wahrnehmung, Intuition, Ästhetik und ist zuständig für unsere Entscheidungen, ist aber nicht bewusst. Sie ist direkt mit dem limbischen System und darüber mit dem Herzen verbunden. Die linke Gehirnhälfte ist evolutionär jünger. Sie ist analytisch, rational-bewertend; sie macht die Wahrnehmungen der rechten Hälfte bewusst. Sie wird auch vom Reptiliengehirn für schnelle Reaktionen aufgerufen. Sie ist ansonsten auf das Bearbeiten eingelernter, stabiler Prozesse spezialisiert. Sie ist allerdings nicht mit dem Altsäugergehirn gekoppelt und kann deshalb unabhängig von den Gefühlen agieren. Dadurch kann die Gefühlsbalance des Denkens aus dem Gleichgewicht geraten. Wir können unschwer im Altsäugergehirn das System 1 und im Neocortex das System 2 von Kahneman erkennen.

Innerhalb des Neocortex stellt der *präfrontale Cortex* eine eigene Struktur dar. Er ist das evolutionsgeschichtlich jüngste Teilsystem. Er ist Moderator, Motivator, Planer, Entscheider, Kreativstation und Mystiker – kurz zuständig für unsere höchsten geistigen Funktionen: erfinderische oder künstlerische Intuition, Glücksempfinden, Geschichts- und Zukunftsbewusstsein und daraus resultierend das Voraussehen der Konsequenzen einer Handlung und die Achtung ethischer Grundwerte. Er ist auch zuständig für unser Selbst. Erst vor wenigen Jahren konnten die Neurowissenschaften die Selbstinstanz im präfrontalen Cortex verorten. Es können dort drei Bereiche des Selbst unterschieden werden: Erstens das kleine Selbst, wenn es um uns selbst und unsere Gedanken und Gefühle geht; zweitens das Selbst, das die Perspektive anderer einnehmen kann und drittens das reflexive, große Selbst, das sich selbst beobachtet.

Die Gehirnebenen entwickeln sich in aufeinanderfolgenden Entwicklungsschritten. Sie arbeiten teils getrennt (z. B. bei Gefahr), teils im Zusammenwirken. Das Zusammenwirken und die Entwicklung der höheren Ebenen setzen eine förderliche Entwicklung in Kindheit und Jugend voraus. Für die Entwicklung jeder Ebene brauchen wir Rollenmodelle, zunächst vor allem die Mutter, denn wir lernen von frühester Kindheit an durch Nachahmung. Die Entwicklung der höheren Ebenen ist vor

allem wichtig, um die Reaktionen des Reptiliengehirns abzu-
mildern und so zu integrieren, dass sie nur in Gefahrensituationen zur Anwendung kommen. Fehlt die förderliche Umgebung
und wachsen Kinder mit zu viel Stress auf, besteht die Gefahr,
dass die Entwicklung höherer Gehirnebenen zu kurz kommt und
die Reaktionen des Reptiliengehirns dominant bleiben. Solche
Entwicklungsdefizite lassen sich in späteren Lebensphasen nur
schwer ausgleichen. Gerade die Entwicklung der höchsten Ebene, des präfontalen Cortex, ist am meisten gefährdet.

Einen wichtigen Beitrag zum Verständnis des menschlichen
Geistes hat schließlich die Neurokardiologie als neue Wissenschafts-
disziplin geliefert. Sie hat entdeckt, dass das Herz eine wichtige
steuernde Funktion für unseren Geist hat. Das Herz erzeugt eigene Neurotransmitter und hat einen intensiven Informationsaustausch mit dem Gehirn. Es ist direkt mit dem limbischen System
verbunden, das für unsere Gefühle zuständig ist. Es wirkt dadurch
im direkten Dialog auf die Gehirntätigkeit der rechten Gehirnhälfte ein und hat unmittelbaren Einfluss auf die Gefühlssteue-
rung, dem System 1 im Verständnis von Daniel Kahneman. Die
‚Herzintelligenz' ist ganzheitlich, nicht interpretierend. Das Herz
reagiert direkt auf die empfangenen Botschaften aus dem Körper:
Bei negativen Rückmeldungen schaltet das Herz auf Stressmo-
dus, der bewirkt, dass auf das Reptiliengehirn umgeschaltet wird.

Das Herz ist der zentrale Rhythmusgeber und Schwingungs-
vermittler, nicht nur über das Blut, auch über den Puls und über
ein starkes elektromagnetisches Feld. Der Herzrhythmus wirkt
über den ganzen Körper, bis zur Zellebene. Das Herz beeinflusst
auch die Schwingungsfrequenz des Gehirns: Sind wir ausgegli-
chen, schwingt das Gehirn mit 8–14 Hz, den sogenannten Al-
pha-Wellen – übrigens mit der Schwingungsrate, mit der auch die
Erde schwingt. Das Herz hat das stärkste elektromagnetische Feld
des Körpers, das von Milliarden Herzzellen erzeugt wird (in der
ca. 50-fachen Stärke des Gehirnfeldes). Das elektromagnetische
Herzfeld umgibt uns in Torusform: Der Torus scheint das von
der Natur allgemein verwendete Modell für Energiesysteme zu
sein. Auch die Erde, die Sonne, die Galaxien, Bäume, das Atom

haben torusförmige Energiekörper. Diese Torusformen sind holografische Gebilde, d. h. jeder Punkt innerhalb des Torus enthält die gesamte Information des Feldes. Das Herz ist damit die logische Schnittstelle zu den geistigen Potenzialen, als dasjenige Organ, das mit seinen starken elektromagnetischen Feldern dafür ausgestattet ist, Verbindung mit anderen Feldern aufzunehmen.

Resümee:

Unser künftiges Welt- und Menschenbild wird durch die Erkenntnisse der Quantenwissenschaften geprägt werden, dass alles im Kosmos, also auch wir selbst, aus Energie in unterschiedlicher Form der Verdichtung besteht und durch Information gesteuert wird.

Die Quantenwissenschaften haben uns mit ihren Forschungsergebnissen neue Einsichten in die Arbeitsweise von Körper und Geist aus quantenbiologischer und energetischer Sicht verschafft. Neurowissenschaften und Neurokardiologie haben die Grundlagen von Aufbau, Struktur und Entwicklung unserer Geistigkeit erforscht. Auf den Einsichten der Quantenwissenschaften aufbauend, sind sie mittlerweile in der Lage, geistige Aktivitäten durch die Messung von elektromagnetischen Feldern und Strömen und die Messung von Energien zu erforschen. Sie schaffen damit auf der Basis von gemessenen Werten ein verbessertes Verständnis unserer Geistigkeit. Von diesem profitieren wiederum die anderen Humanwissenschaften und können es in ihre eigenen Arbeitsbereiche einbringen, wie es zuletzt experimentelle Psychologie und Verhaltensökonomie gezeigt haben. So entsteht eine fruchtbare Synthese zwischen Natur- und Humanwissenschaften. Man kann sagen, dass damit die Trennung aufgehoben wird, die seit Beginn der Aufklärung zwischen Naturwissenschaften und Humanwissenschaften bestanden hat und immer noch besteht.

Aus all dem lassen sich Parameter für ein neues Welt- und Menschenbild ableiten:

- Sinn des Kosmos und der Existenz aller Wesen darin ist Evolution, Entwicklung; alle Wesen haben daran aktiv Anteil;
- Materie und Geist sind Energie in unterschiedlichen Stufen der Verdichtung;
- Bewusstsein ist der Urgrund des Kosmos, alle Manifestationen setzen einen Bewusstseinsakt voraus;
- Fühlen als Facette des Bewusstseins ist das Fundament für unsere Geistigkeit; über das Fühlen sind wir direkt mit den Informationen der Potenziale verbunden;
- die Abläufe der Natur werden über Potenzialfelder gesteuert;
- der Mensch ist ein spirituelles Wesen, als solcher ist er ein Sinn- und Glückssucher.

Das in diesen Parametern zum Ausdruck kommende Welt- und Menschenbild hat eine spirituelle Ausrichtung und stimmt in vielem mit dem überein, was in den spirituellen Traditionen wie dem Yoga oder dem Buddhismus überliefert wird. Die Parameter weisen auf eine Synthese von Wissenschaft und Spiritualität hin. Diese Synthese war den Gründervätern der Quantenphysik – Planck, Einstein, Schrödinger, Heisenberg – durchaus bewusst und ein großes Anliegen. Sie sahen in einer solchen Synthese die Chance und Möglichkeit, die Rätsel der Natur – und damit auch das Rätsel des Bewusstseins – nach und nach aufzulösen.

ANHANG 2
Das Enneagramm

Das Enneagramm ist eine Typenlehre mit neun Charakterbildern ganz unterschiedlicher Prägung. Jeder Typ verkörpert eine große Idee, die in seiner Bezeichnung zum Ausdruck kommt (s. die Tabelle weiter unten). Aus dieser Idee ergeben sich für jeden Typ die zentrale Motivation, daraus abgeleitet eine spezielle Weltsicht und bevorzugte Denk- und Handlungsmuster. Da hinter Denk- und Handlungsmustern immer Charaktermerkmale in besonderen Ausprägungen und Akzentuierungen stehen, bilden Charaktermerkmale die eigentliche Struktur des Enneagramms.

Eine besondere Bedeutung hat das sogenannte Kern-Charaktermerkmal. Es zeigt für jeden Typ die Richtung seiner zentralen Motivation an. Für Typ Sechs, den *Kritischen*, ist Sicherheit die zentrale Motivation. Sein Kern-Charaktermerkmal ist die *Erwartungshaltung* mit den Polen Angst und Vertrauen. Wenn es uns gelingt, die starken Ausprägungen unseres Kern-Charaktermerkmals zu aktivieren, leben wir die eigene Motivation in einer erlösten Form. Für Typ Sechs ist das der Fall, wenn es ihm gelingt, vertrauensvoll zu sein.

Zunächst ist es aber so, dass sich unser Kern-Charaktermerkmal meist in einer schwachen Ausprägung äußert, dem psychologischen ‚Schatten‘ bzw. der *Kernschwäche*, wie es in der Enneagramm-Terminologie heißt. Das kommt daher, dass wir – ohne es zu wissen – die Welt einseitig aus der Sicht unserer zentralen Motivation sehen und beurteilen. Wenn wir die Richtung unserer Einseitigkeit erkannt und damit begonnen haben, sie nach und nach auszugleichen, können wir auch die starken Ausprägungen unseres Kern-Charaktermerkmals aktivieren. Von der schwachen zur starken Ausprägung des Kern-Charaktermerkmals zu gelangen, ist die zentrale Dynamik und Entwicklungsaufgabe des Enneagramms.

Bei dieser Entwicklungsaufgabe finden wir eine zusätzliche Hilfestellung darin, dass wir die starke Ausprägung unseres

Kern-Charaktermerkmals beispielhaft in einem anderen Typ des Enneagramms realisiert finden. Für Typ Sechs etwa ist das die Neun, der *Vermittler*, dessen Stärke darin besteht, alles annehmen zu können. In Enneagramm-Terminologie sagen wir, wir bewegen uns auf unseren *Ziel-Typ* zu (s.a. die folgende Tabelle). Der Beschreibung unseres Ziel-Typs können wir entnehmen, in welchem charakterlichen Umfeld unser Kern-Charaktermerkmal am besten zur Geltung kommt.

Die Potenzialarbeit mit dem wichtigen Ziel, Charaktermerkmale zu ihren starken Ausprägungen zu entwickeln, ist so gesehen das logische Werkzeug, um die Entwicklungsdynamik des Enneagramms zu unterstützen.

Eine zweite Dynamik des Enneagramms besteht darin, die Qualitäten der beiden Nachbartypen in ein ausgewogenes Verhältnis zu bringen. Jedem Typ sind zwei *Flügel* zugeordnet, die beiden Nachbartypen (für den Typ Zwei beispielsweise sind das die Eins und die Drei). Wir sind zwar vor allem durch die Eigenschaften des eigenen Typs geprägt, verfügen aber in einem stärkeren Maß auch über Eigenschaften der Nachbartypen. Die Entwicklungsaufgabe besteht hier darin, die Qualitäten des ,schwächeren' Flügels so weit zu entwickeln, bis im Idealfall beide Flügel gleich stark ausgeprägt sind. Während es bei der ersten Dynamik darum geht, die Qualität eines Charaktermerkmals in sein polares Gegenüber umzuwandeln, geht es bei der zweiten Dynamik darum, die Eigenschaften der beiden Nachbartypen zueinander in ein ausgewogenes Verhältnis zu bringen.

Es gibt noch eine weitere Dynamik, nämlich das Enneagramm als Prozessmodell, mit den einzelnen Typen als aufeinanderfolgenden Phasen eines Prozesses oder Projekts. Das kann für alle Arten von Aufgaben und Projekten genutzt werden, mit einer etwas anderen Systematik der einzelnen Enneagramm-Punkte, worauf wir aber in unserem Zusammenhang nicht näher eingehen werden.

Es gibt insgesamt neun Enneagramm-Typen. Die Typen sind:

Typ	Kern-Charaktermerkmal	Kernschwäche	Zieltyp
01 der Ordner	23 Annahmebereitschaft	Ärger, Ablehnen	07
02 der Helfer	30 Einstellung zum anderen	Hochmut, Stolz	04
03 der Erfolgreiche	19 Realitätsbezug	Lüge	06
04 der Ästhet	33 Wertschätzung	Abwertung, Neid	01
05 der Philosoph	34 Gönnen	Geiz	08
06 der Kritische	03 Erwartungshaltung	Angst	09
07 der Genießer	26 Einhalten von Grenzen	Unmäßigkeit	05
08 der Krieger	31 Achtung	Übergriffigkeit, Respektlosigkeit	02
09 der Vermittler	11 Mobilisierbarkeit	Inaktivität, Trägheit	03

Die Ursprünge des Enneagramms liegen weitgehend im Dunkel. Man kann davon ausgehen, dass es aus der Tradition der Sufis stammt. Der armenische spirituelle Lehrer G. I. Gurdjieff brachte es Anfang des 20. Jahrhunderts in den Westen. Er wandte es jedoch hauptsächlich als Prozessmodell an, weniger in Bezug auf die menschliche Psyche. Unabhängig davon wurde es von dem Psychologen Oscar Ichazo in den 1960er- Jahren nach Amerika gebracht und von ihm und seinem Schüler Claudio Naranjo in der heute verbreiteten Form der Typenlehre angewendet. Sie beschrieben die neun Charakterstrukturen des Enneagramms so, wie es bis heute üblich ist. In den letzten Jahren hat das Enneagramm in Amerika und Europa große Verbreitung gefunden und wird nicht nur in religiösen, psychologischen und spirituellen Kreisen, sondern auch in der Managementberatung eingesetzt.

Im Folgenden findet sich ein Überblick über die einzelnen Enneagramm-Typen, der ein Grundverständnis für den Ausgangspunkt der eigenen Potenzialentwicklung geben kann. Für eine weitergehende Lektüre sei auf das Buch *Enneagramm* von Richard Rohr und Andreas Ebert verwiesen, sowie – bei Interesse – auf das Buch *Das Arbeitsbuch zum Enneagramm* von Klausbernd Vollmar zum Prozessmodell des Enneagramms.

Eins: der Ordner

Für Typ Eins geht es vor allem darum, die Dinge in Ordnung zu bringen. Dabei zeigt Typ Eins in der erlösten Form die Eigenschaften Annahmebereitschaft und Sinn für Gerechtigkeit, in der eher unerlösten Form Selbstgerechtigkeit, verbunden mit Strenge und Kompromisslosigkeit. Die Eins ist bei Konflikten oft Staatsanwalt und Richter in einer Person. Das kann enormen inneren Druck erzeugen. Einsatz und Disziplin sind ihr wichtig, wenn es um Erziehung geht. Die Eins findet ihre Lebensaufgabe oft als Lehrer in der einen oder anderen Form. Die Eins ist der Prototyp des Reformers, um diszipliniert und konsequent an den Dingen zu arbeiten, die nicht perfekt sind. Sie fühlt sich zu allem hingezogen, was mit Wachstum zu tun hat. Im Wachstum kommt auch Entwicklung auf einen Zustand größerer Vollkommenheit hin zum Ausdruck. Die Schattenseite der Eins liegt in ihrem Versuch, Perfektion zu erreichen – auch bei ihren Mitmenschen. Das führt in der unerlösten Form dazu, ihr Gegenüber ändern und verbessern zu wollen, es nicht so zu lassen, wie es ist und sein möchte. Die überhöhten Ansprüche an die Perfektionierung – die eigene wie die der Umwelt – führen energieseitig zu einem Stau der Emotionen, meist als Ärger oder Ablehnung.

Die Kernschwäche der Eins ist deshalb Ärger und Ablehnung – über die Unvollkommenheit der Welt. Sie wird repräsentiert durch die schwache Ausprägung des Kern-Charaktermerkmals 23 (*Annahmebereitschaft*). Die Herausforderung für die Eins besteht darin, sich von ihrem Perfektionierungszwang und der Absolutheit der eigenen Vorstellungen zu lösen – zugunsten einer Einstellung der heiteren Gelassenheit, wie sie am besten von Typ Sieben verkörpert wird. Die Eins geht also zur Sieben.

Zwei: der Helfer

Die Zwei setzt ihre Gaben für die Bedürfnisse anderer ein und sorgt sich um deren Wohlergehen. Das hat etwas von der Fürsorge der Mutter, die ihre Kinder schützt und umhegt. Zuwendung erscheint hier als Geben, Unterstützen und Fördern durch Lob und Anerkennung. Andererseits ist der Zwei auch wichtig, wie viel Anerkennung und Sympathie ihr entgegengebracht, wie sehr sie gebraucht wird. In der unerlösten Form hilft die Zwei – durchaus manipulativ –, um etwas zu bekommen; ihre Hilfe ist dann nicht uneigennützig, sie erwartet Gegenleistung und Bestätigung.

Die Herausforderungen für die Zwei bestehen darin, sich nicht im Helfen zu verlieren und sich dabei auch nicht selbst auszuweichen. Sie sollte die eigene Bedürftigkeit zulassen und sie nicht auf andere projizieren, aus Scham, selbst bedürftig zu sein. Schließlich sollte sie darauf verzichten, ihre Zuwendung manipulativ zu nutzen.

Kernschwächen der Zwei sind Hochmut und Stolz, die daraus ihre Energie beziehen, dass andere sie für das lieben, was sie für sie tut. Das entspricht der schwachen Ausprägung des Kern-Charaktermerkmals 30 (*Einstellung zum anderen*). Es ist freilich ein anderer Hochmut als bei der Acht, wo er aus einem Gefühl der überlegenen Stärke entsteht. Wenn die Zwei erkennt, dass sie nur gibt, um zu bekommen, wird das für sie eine Demütigung bedeuten. Die allgemeine Frage, die sich der Zwei dabei stellt, ist: Bin ich bereit zu geben, auch wenn nichts zurückkommt? Der Weg zur Befreiung führt für die Zwei über Demut, über die Würdigung der eigenen Bedürfnisse und die Bereitschaft zur bedingungslosen Liebe, die beispielhaft in der Vier angelegt ist. Die Zwei geht also zur Vier.

Drei: der Erfolgreiche

Die Drei hat Erfolg dabei, in der Öffentlichkeit aufzutreten, Aufgaben kompetent zu erledigen und ihre Ziele zu erreichen sowie andere Menschen zu motivieren und zu führen. Die Drei hat allerdings von allen Enneagramm-Typen die größten Probleme dabei, ihre Gefühle wahrzunehmen, auch weil sie als Kind immer für besondere Leistungen gelobt wurde und Zuwendung erhielt – nicht um ihrer selbst willen. Hinter dem Streben nach Erfolg und Anerkennung steckt oft große Unsicherheit. Anerkennung wird dann eingefordert durch erfolgreiches Produzieren von glanzvollen Leistungen, von Geld, Prestige und Partnerschaften, wo alles zu stimmen scheint („mein Haus, mein Auto, meine Frau"). Niemand darf auf die Idee kommen, dass hier nur eine schöne Fassade präsentiert wird oder dass zum Erfolg andere vielleicht mehr beigetragen haben. Die Drei ist allerdings bereit, sich für ihre Aufgabe, den Erfolg ihrer Projekte bis zum Letzten einzusetzen. Oft bringt sie erst ein Burnout dazu, ihre Einstellung zu ändern.

Das ist auch die Herausforderung für die Drei, den Erfolg, vor allem ihren persönlichen Erfolg nicht absolut zu setzen und Scheitern zuzulassen.

Kernschwäche der Drei ist die Lüge, manifest in der schwachen Ausprägung des Kern-Charaktermerkmals 19 (*Realitätsbezug*). Sie kann sich aus ihren Lügen und Widersprüchlichkeiten nur befreien, wenn sie lernt, ihre Motivation kritisch zu hinterfragen und auf die innere Stimme der Wahrhaftigkeit und des Herzens zu hören. Das sind die Qualitäten der Sechs. Die Drei geht also zur Sechs.

Vier: der Ästhet

Typ Vier weckt in seiner Umgebung den Sinn für Schönheit und Harmonie. Dahinter steht oft eine künstlerische Begabung, die Vier ist der Archetyp des Künstlers. Sie gilt auch als ‚tragischer Romantiker‘ und verzehrt sich in sehnsüchtig unerfülltem Warten nach der Erfüllung ihrer größten Wünsche. Sie macht sich zur Gefangenen ihrer Sehnsucht. Dabei übersieht sie, dass das Ziel ihrer Wünsche im Gewöhnlichen und Alltäglichen zu finden ist. Typ Vier spiegelt – vor allem in der unerlösten Form – die Tragik, dass es die Ausrichtung auf das Außergewöhnliche ist, die uns von unseren eigentlichen Lebenszielen ablenkt.

Die Herausforderung für die Vier ist es, sich von ihren Gefühlen nicht mitreißen zu lassen, sich nicht in ihre Gefühle, sondern in den dahinter stehenden Menschen zu verlieben, aber auch nicht in Schwermut zu verfallen, wenn Wünsche unerfüllbar zu sein scheinen. Sie hat zu lernen, Enttäuschungen zu überwinden, besser noch Enttäuschungen zu vermeiden, indem sie mehr Realitätssinn entwickelt.

Kernschwäche der Vier ist die Abwertung des anderen, in der unerlösten Form als Neid. Das drückt sich in der schwachen Ausprägung des Kern-Charaktermerkmals 33 (*Wertschätzung*) aus. Sie sieht sofort, wer attraktiver, intelligenter, interessanter ist und wünscht sich all das für sich selbst. In der Partnerschaft kann das zur Überforderung des Partners führen. Der Weg der Vier führt über das Annehmen des Eigenen und das Anerkennen des Anderen zu Authentizität, Harmonie und Liebesfähigkeit aus dem Annehmen tiefer Gefühle. Das sind Qualitäten, die hervorragend von der erlösten Eins repräsentiert werden. Die Vier geht also zur Eins.

Fünf: der Philosoph

Die Nachbarin der Vier, die Fünf, hat bereits aufgegeben, die Erfüllung ihrer Wünsche in der äußeren Welt zu finden; sie sucht die Erfüllung in der geistigen Welt. Der Philosoph ist ein Kopfmensch. Er spürt in sich den tiefen Wunsch, wirklich zu erkennen, „was die Welt im Innersten zusammenhält". Er ist ein guter Zuhörer und Analytiker, sammelt gerne neue Erkenntnisse und Eindrücke und versucht dabei, sich nicht in Gefühle hineinziehen zu lassen. Das Sammeln ist Teil seiner Natur und dient in der unerlösten Form auch dazu, eine innere Leere aufzufüllen. Um all das, was er gesammelt hat, einzuordnen und zu durchdenken, braucht er einen geschützten Raum und viel Zeit für sich.

Die Herausforderung, vor der die Fünf steht, besteht darin, nicht unbedingt auf Vernunft und Wissen zu setzen, sondern auch Gefühle zuzulassen und wertzuschätzen und vor allem Engagement und Handeln stärker zu berücksichtigen.

Kernschwäche der Fünf ist der Geiz, wofür die schwache Ausprägung des Kern-Charaktermerkmals 34 (*Gönnen*) steht. Sie gibt nicht gerne ab von den Dingen, die sie gesammelt hat, am wenigsten von sich selbst. Gelingt es ihr, ihren Mitmenschen offen zu begegnen, kann sie Anteil erlangen an Wissen und Weisheit – ohne Anhaften, aber voll und ganz in der Welt. Voll und ganz in der Welt zu sein ist die hervorragende Qualität der Acht. Die Fünf geht also zur Acht.

Sechs: der Kritische

Typ Sechs hat hervorragende Eigenschaften: Teamfähigkeit, Zuverlässigkeit, Ausdauer. In Beziehungen kann man sich auf seine Treue verlassen. Treue und Vertrauen sind die hohen Ideale der

Sechs. Typ Sechs wird jedoch von der Angst regiert. Die Sechs versucht mit aller Macht, sich gegen Unberechenbarkeit und Risiken abzusichern. Sie rechnet mit dem Schlimmsten und versucht angestrengt, jeden Fehler zu vermeiden. Daraus resultieren Misstrauen und Selbstzweifel. Sie hat Schwierigkeiten damit, die Dinge einfach so anzunehmen, selbst Erfolge und Lob. Davor steht immer ein ‚Ja, aber!'. In ihrem Streben nach Sicherheit nimmt sie Zuflucht bei Autoritäten und Ideologien. Sie ist absolut gesetzestreu.

Die Herausforderung für die Sechs ist es, die Unberechenbarkeiten des Lebens als Quelle von Lebendigkeit und Kreativität zu erkennen und anzunehmen.

Kernschwäche der Sechs ist die Angst, die schwache Ausprägung des Kern-Charaktermerkmals 03 *Erwartungshaltung*. Das Potenzial, diese Schwäche zu überwinden, findet sie in sich selbst, in ihrem Mut, den sie normalerweise hinter ihrer Angst versteckt. Gelingt ihr das, kann sie über sich hinauswachsen. Und wenn die Sechs bereit ist, sich mit ihrer Angst und deren tieferen Ursachen auseinanderzusetzen, gelingt es ihr, sich selbst, ihre Mitmenschen und alles anzunehmen, was ihr im Leben zustößt. Sie kann dann ein feines Sensorium dafür entwickeln, wo etwas wirklich zu kritisieren ist. Das sind die typischen Qualitäten der Neun. Die Sechs geht also zur Neun.

Sieben: der Genießer

Die Sieben sieht das Leben als Spiel und als Komödie. Heiterkeit ist auch den eigenen Bemühungen gegenüber angebracht, das Beste aus dem Leben herauszuholen – und dabei vielleicht zu übertreiben. Rossini hat in seinem Barbier die Figur der Sieben sehr schön modelliert. Die Sieben bringt Optimismus, Humor und Leichtigkeit ins Leben. Sie steckt voller Aktivitäten und Zukunftsplänen. Drohen diese Elemente auszugehen, setzt angestrengte Bemühung ein. Sie unterliegt dabei ihrem Grundirrtum, dass immer Spaß und Freude vorhanden sein müssen. Im

Schatten des Genießers sitzt jedoch das ewige Kind. Das Kind steht vor der Lernaufgabe, dass das Leben nicht nur aus Spielen und Naschen besteht, sondern auch Themen beinhaltet, die vielleicht anstrengend sind und Ängste hervorrufen.

Die Herausforderung für die Sieben ist es, zum Kern der Dinge vorzudringen, Ablenkungen zu vermeiden und die unangenehmen Seiten des Lebens weder wegzurationalisieren noch wegzulächeln. Kernschwäche der Sieben ist die Völlerei, ein Zuviel des Genießens. Dafür steht die schwache Ausprägung des Kern-Charaktermerkmals 26 (*Einhalten von Grenzen*). Die Sieben muss ihre Schwächen und den damit verbundenen Schmerz annehmen und zu einer realistischen Einschätzung ihrer Lebenssituation finden. Dazu braucht sie vor allem die Geistesgaben der Fünf. Die Sieben geht also zur Fünf.

Acht: der Krieger

Im Typ Acht finden wir in der unerlösten Form ausgeprägten Egoismus. Er kümmert sich nicht darum, was andere wollen oder von ihm halten. Das schließt Übergriffigkeit anderen gegenüber und Rücksichtslosigkeit in der Verfolgung der eigenen Interessen mit ein. Liebe stört da nur und wird am besten mit Dominanz erwidert. Im Positiven bringt die Acht Geradlinigkeit und Direktheit mit und die Gabe, unvoreingenommen sich selbst und andere Menschen an ihre Potenziale heranzuführen. Einer Acht geht es um Wahrheit und Gerechtigkeit, auch wenn es Kampf kostet, sie zu erreichen. Eine Acht zeigt, dass Konflikt etwas ganz Normales ist und sowohl zur Kontaktanbahnung als auch zur Partnerschaft gehören kann. Konventionen und Grenzen sind für sie dazu da, um über sie hinauszugehen.

Die Herausforderungen für die Acht bestehen darin, Dominanzverhalten anderen gegenüber aufzugeben, Schwäche zuzulassen, Gefühle zu zeigen und auch einmal darauf zu verzichten,

Unrechtes mit gleicher Münze zurückzuzahlen. Eine Lebensaufgabe der Acht wird auf jeden Fall darin bestehen, Ungerechtigkeiten aufzudecken, Gerechtigkeit herzustellen und anderen zu helfen.

Die Kernschwäche der Acht ist die Übergriffigkeit, der fehlende Respekt vor anderen. Dem entspricht die schwache Ausprägung des Kern-Charaktermerkmals 31 (*Achtung*). Diese Eigenschaft ist zwar günstig für die Erfüllung der Aufgabe, bestehende Ungerechtigkeiten aufzudecken und zu beseitigen, da sie sich von bestehenden Machtstrukturen nicht beeindrucken lässt. Das darf aber nicht dazu führen, andere Menschen herabzusetzen. Es gehört also zur Lebensaufgabe der Acht, Übergriffigkeit in Respekt und Barmherzigkeit umzuwandeln, um ihre Aufgaben auf partnerschaftliche und freundschaftliche Art zu erfüllen. Barmherzigkeit und Demut werden durch den Enneagramm-Typ Zwei repräsentiert. Die Acht geht also zur Zwei.

Neun: der Vermittler

Typ Neun ist der Archetyp des Vermittlers. Er verkörpert Freundlichkeit, Akzeptanz und Mitgefühl anderen und sich selbst gegenüber. Die Neun versteht und akzeptiert jeden so, wie er ist. Sie schafft es, schwierige Probleme so darzustellen, dass sie allgemein verstanden und angenommen werden können. Ihr ist wichtig, dass Harmonie gewahrt bleibt. Dafür nimmt sie in Kauf, dass Konflikte ungelöst bleiben. Sie kümmert sich und tut alles für andere. Sie ist allerdings weniger gut in der Lage, etwas für sich selbst zu tun. Dazu braucht sie oft fremde Hilfe. Sie neigt häufig zu einer geringen Selbsteinschätzung und ist anfällig für Stimulanzien, um den Anforderungen des Lebens gerecht zu werden.

Die Herausforderung für die Neun ist es, nicht stehen zu bleiben, vor allem nicht bei falscher Harmonie. Das kann sie nur schaffen, wenn sie bereit ist, ihre starke Tendenz zur Konfliktvermeidung aufzulockern, auch wenn darunter die Harmonie leidet. Sie hat auch zu lernen, ihren eigenen Wert zu erkennen und zu ihm zu stehen, sich notfalls gegen andere abzugrenzen.

Kernschwäche der Neun ist die Trägheit. Sie ist in der schwachen Ausprägung des Kern-Charaktermerkmals 11 (*Mobilisierbarkeit*) zu finden und vor allem in einem Unterlassen von Aktivität zu sehen, wenn dadurch Konflikte berührt werden. Ihre Lernaufgabe besteht darin, ihrer hervorragenden Intuition zu vertrauen und sie für anstehende Aktivitäten erfolgreich zu nutzen. Das sind Qualitäten der Drei. Die Neun geht also zur Drei.

ANHANG 3
Formulare und Tabellen
für die Potenzialarbeit

Pendeltafel Ja-/Nein-Frage

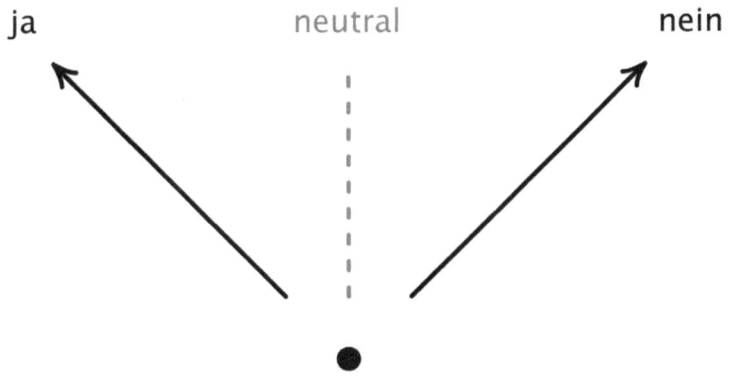

ja   neutral   nein

Pendeltafel Prozentskala

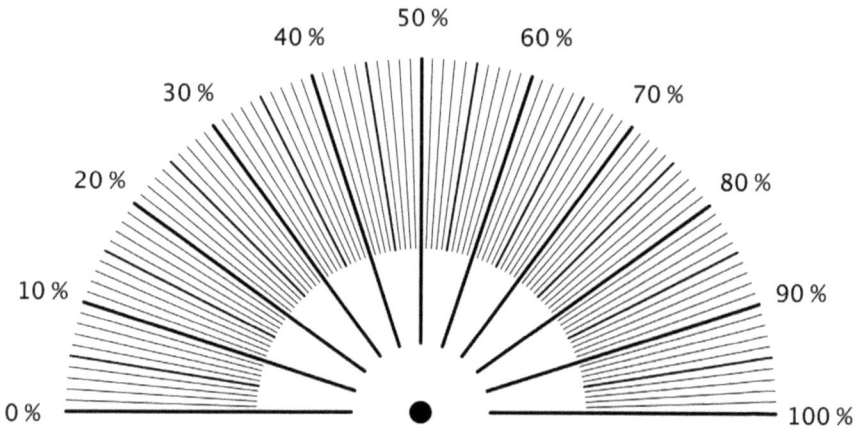

Pendeltafel Zahlenkreis

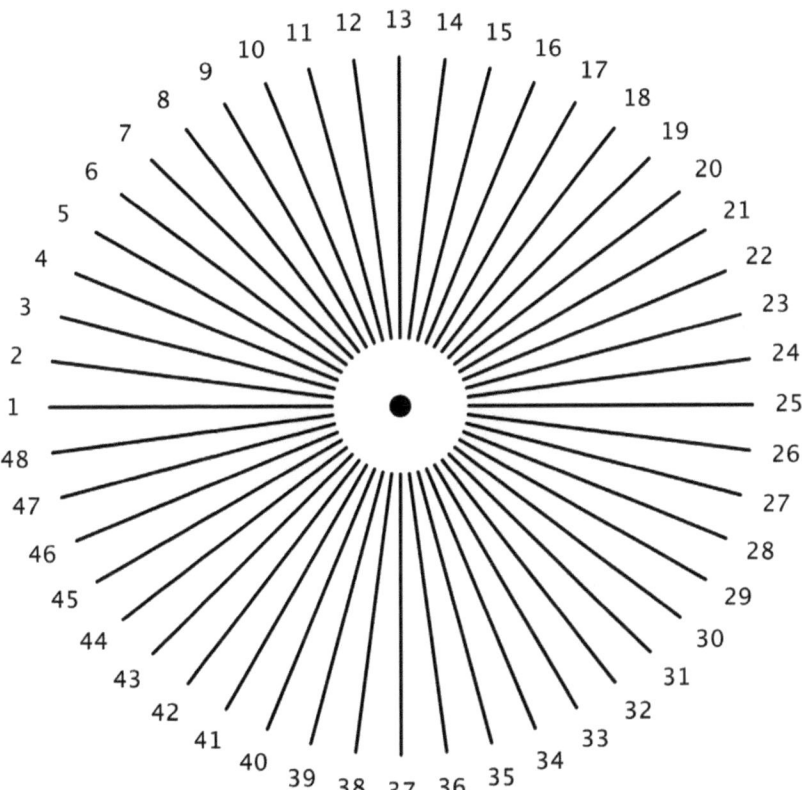

Tabelle der Bedürfnisse

01 Seelische Bedürfnisse

01 Zugehörigkeit/Gemeinschaft
02 Frieden
03 Würde
04 Geborgenheit
05 Freiheit
06 Schönheit
07 Ordnung
08 Erfüllung

02 Soziale Bedürfnisse

01 Partnerschaft/Familie
02 Kompetenz
03 Beruf
04 Sport/Wellness
05 Kunst
06 Politik/soziales Engagement
07 Erlebnisse/Natur

03 Geistige Bedürfnisse

01 Erkenntnis/Unterscheidung
02 Kreativität
03 Autonomie
04 Wissen
05 Fähigkeiten
06 Erfahrungen

04 Ökologische Bedürfnisse

01 Naturerleben
02 Landbau
03 Umweltschutz
04 Tierwohl
05 Lebensreform
06 Naturspiritualität

05 Materielle Bedürfnisse

01 Nahrung
02 Gesundheit
03 Zuwendung/Sexualität
04 Entspannung/Erholung
05 Sicherheit
06 Wohnen

06 Spirituelle Bedürfnisse

01 Sammlung
02 Lebenssinn
03 Einsicht
04 Transzendenz
05 Verwirklichung
06 Einssein

Maslowsche Bedürfnisebenen:

01 vitale Grundbedürfnisse
02 Sicherheit
03 Geborgenheit/Zugehörigkeit
04 Achtung/Wertschätzung
05 Selbstverwirklichung
06 Transzendenz

Tabelle der Charaktereigenschaften

Starke Ausprägung	Charaktermerkmal	Schwache Ausprägung
01 Wohlwollen/liebevolle Zuwendung	Zugewandtsein	Abneigung/Verschlossensein
02 Selbstliebe/Vereinigung	Einssein	Selbstzweifel/Getrenntsein
03 Urvertrauen/Zuversicht	Erwartungshaltung (E6)	Angst/Sorge
04 Würdevoll	Würde	Würdelos/Unwürdig
05 Treue	Loyalität	Opportunismus
06 Autonomie	Selbstständigkeit	Abhängigkeit
07 Mitfühlen/Barmherzigkeit	Empathiefähigkeit	Gleichgültigkeit
08 Dankbarkeit	Anerkennungsbereitschaft	Undank
09 Einsicht/Ausgleich	Kompromissfähigkeit	Starrsinn
10 Partnerschaftlichkeit	Kooperationsbereitschaft	Einzelgänger
11 Begeisterungsfähigkeit/Aktivität	Mobilisierbarkeit (BF, E9)	Trägheit/Inaktivität
12 Verträglichkeit/Vergebung	Konfliktfähigkeit (BF)	Reizbarkeit/Vergeltung
13 Mut/Vorsicht	Risikohaltung	Feigheit/Leichtsinn
14 Prosozialität	Gemeinsinn	Ichbezogenheit/Abgrenzung
15 Offenheit	Mit Neuem Umgehen (BF)	Abwehr
16 Gewissenhaftigkeit, Zuverlässigkeit	Vorgabentreue (BF)	Nachlässigkeit
17 Disziplin	Prinzipientreue	Willkür
18 Stimmigkeit	Einordnung	Nicht-Stimmigkeit
19 Wahrhaftigkeit/Ehrlichkeit	Realitätsbezug (E 3)	Nicht-Wahrhaftigkeit/Lüge

Legende:

BF   Element der *Big Five*-Beurteilungskriterien der empirischen Persönlichkeitspsychologie für den aktuellen psychischen Zustand

20 Gerechtigkeit/Aufrichtigkeit	Integrität (BS)	Täuschung/Betrug
21 Konsequenz	Verhaltensstabilität	Wankelmütigkeit
22 Resilienz/In sich Ruhen	psychische Stabilität (BF)	Verletzlichkeit/Empfindlichkeit
23 Freundlichkeit/Annehmen	Annahmebereitschaft (E 1)	Ablehnen/Ärger
24 Freude	Gemütshelligkeit	Missgestimmtheit
25 Gelassenheit	Erregbarkeit	Wut/Zorn
26 Verantwortlichkeit	Einhalten von Grenzen (E 7)	Kontrollverlust/Völlerei
27 Eingeständnis/Verzeihen	Fehlerakzeptanz	Überspielen/Leugnen
28 Milde/Güte	Urteil	Strenge
29 Weisheit	Einstellung zum Wissen	Ignoranz/Einseitigkeit
30 Demut	Einstellung zum anderen (E 2)	Hochmut/Stolz/Eitelkeit
31 Respekt	Achtung (E 8)	Übergriffigkeit
32 Rücksichtnahme/Geduld	Zielverfolgung	Ehrgeiz/Ungeduld
33 Anerkennung	Wertschätzung (E 4)	Geringschätzung
34 Großherzigkeit	Gönnen	Neid
35 Großzügigkeit	Bereitschaft zu teilen (E 5)	Geiz/Kleinlichkeit
36 Bescheidenheit/Geben	Anspruchshaltung (BS)	Gier/Fordern/Bedürftigkeit
37 Realismus	Umgehen mit Anforderungen	Ausweichen
38 Glaube	Glaube an höhere Ordnung	Zweifel,
39 Ausdauer	Durchhaltevermögen	Aufgeben
40 Zentriertheit	Ausrichtung	Unkonzentriertheit

BS   Element der *Big Six*; um Anspruchshaltung und Integrität erweiterte Beurteilungskriterien der empirischen Persönlichkeitspsychologie für den aktuellen psychischen Zustand

E1–E9   dominierendes Charaktermerkmal des Enneagramm-Typs mit dieser Zahl

Checkliste zu Bedürfnis

- 01 Nummer und Bezeichnung: _____

- 02 Abfragegrund: Priorität in der Gruppe/anlassbezogen

- 03 Ebene der Maslowschen Bedürfnispyramide/Lebensbereich, der für das Bedürfnis wichtig ist/Aktionsebene

_____

- 04 Stärke des Bedürfnisses in % _____

- 05 Maß der Erfüllung des Bedürfnisses in % (Iststärke)

_____

- 06 Gibt es äußere Hindernisse, die die Erfüllung des Bedürfnisses beeinträchtigen?

_____

- 07 Sind Fragen der Einstellung zu dem Bedürfnis zu klären?

_____

- 08 Gibt es Lebensziele, die für die Erfüllung des Bedürfnisses günstig bzw. solche, die ungünstig sind?

_____

- 09 Gibt es konkurrierende Bedürfnisse?

_____

- 10 Sind zur besseren Erfüllung des Bedürfnisses Fähigkeiten oder Kenntnisse zu entwickeln?

_____

- 11 Gibt es Störenergien von Charaktermerkmalen?

_____

Checkliste zu Charaktermerkmal

- 01 Nummer und Bezeichnung: _____

- 02 Abfragegrund: aufgrund der Priorität/anlassbezogen/Störenergie/Enneagramm

- 03 Zielstärke des Charaktermerkmals in % _____

- 04 Iststärke des Charaktermerkmals in % _____

- 05 Störenergie zum Charaktermerkmal in % _____

- 06 Charaktermerkmal der Störenergie _____

- 07 Energiestau zum Charaktermerkmal in % _____

- 08 Frühkindliche Entstehung der Störenergie Ja/Nein

- 09 Einfluss durch Bedürfnisse?

- 10 Andere Einflüsse?

Anmerkungen

1. https://www.zitate.eu/search?query=friedrich%20 weizsaecker&page=4
2. https://www.aphorismen.de/suche?autor_ quelle=frankl&seite=11
3. https://gutezitate.com/zitat/102158
4. https://zitat-sammlung.marco-elling.de/2011/09
5. Schrödinger, Erwin: Geist und Materie, Zürich 1989, S. 77
6. https://zitatezumnachdenken.com/viktor-frankl/11161
7. https://beruhmte-zitate.de/zitate/1949201
8. https://www.aphorismen.de/zitat/175769
9. Loibl, Peter: Der Tod gibt sein Geheimnis preis, Norderstedt 2014, S. 209
10. https://www.aphorismen.de/suche?f_ thema=Gl%C3%BCck&f_autor=10336_ Dalai+Lama&seite=2
11. Fromm, Erich: Jenseits der Illusionen, München 2020, S. 197
12. Schrödinger, Erwin: Geist und Materie, Zürich 1989, S. 79
13. https://wie24.com/quantenmechanik-ursache-materie/
14. https://beruhmte-zitate.de/zitate1952278

Weiterführende Literatur

Dunne, Brenda J. und
Jahn, Robert G.   An den Rändern des Realen, Altkirchen 2006

Al-Khalili, Jim und
McFadden, Johnjoe   Life on the Edge, London 2014
Goswami, Amit   God Is Not Dead, Charlottesville 2008
Lanza, Robert   Beyond Biocentrism, Dallas 2017
Radin, Dean   Conscious Universe, New York 1997
Schaefer, Lothar   Infinite Potential, New York 2013
Schrödinger, Erwin   Geist und Materie, Wien 1986
Schrödinger, Erwin   Was ist Leben? München 1987
Sheldrake, Rupert   Sieben Experimente, die die Welt verändern könnten, Bern 1996
Warnke, Ulrich   Quantenphilosophie und Spiritualität, München 2017
Bauer, Joachim   Wie wir werden, wer wir sind, München 2019
Bregman, Rutger   Im Grunde gut, Hamburg 2020
Ebert, Andreas und
Rohr, Richard   Das Enneagramm, München 1989
Frankl, Viktor E.   Der Mensch vor der Frage nach dem Sinn, München 1979
Fromm, Erich   Jenseits der Illusionen, München 1981
Gelernter, David   Gezeiten des Geistes, Berlin 2017
Haidt, Jonathan   The Happiness Hypothesis, London 2007
Henrich, Joseph   The Secret of Our Success, Princeton 2016
Hillman, James   Charakter und Bestimmung, München 2002
Kahneman, Daniel   Schnelles Denken, langsames Denken, 2012 München

Maaz, Hans-Joachim	Das falsche Leben, München 2017
Marksteiner, Friedel	Yoga – Die Kunst des Wandels, München 2009
Pearce, Joseph Chilton	Der nächste Schritt der Menschheit, Freiburg 2008
Ricard, Matthieu	Glück, München 2009
Schmid, Wilhelm	Glück, Berlin 2007
Seligman, Martin E.P.	Authentic Happiness, New York 2002
Singer, Michael A.	Die unbändige Seele, Winterthur 2009
Stangl, Anton	Das große Pendelbuch, Berlin 2007
Vaughan-Lee Lewellyn	Spirituelle Ökologie, Saarbrücken 2015
Vollmar, Klausberndt	Das Arbeitsbuch zum Enneagramm, München 1994

HERZ FÜR AUTOREN A HEART FOR AUTHORS À L'ÉCOUTE DES AUTEURS MIA KAPΔIA ΓIA ΣΥΓΓ
FÖR FÖRFATTARE UN CORAZÓN POR LOS AUTORES YAZARLARIMIZA GÖNÜL VERELIM SZ
PER AUTORI ET HJERTE FOR FORFATTERE EEN HART VOOR SCHRIJVERS TEMOS OS AUT
ZÖINKÉRT SERCE DLA AUTORÓW EIN HERZ FÜR AUTOREN A HEART FOR AUTHORS À L'ÉCO
ВСЕЙ ДУШОЙ К АВТОРАМ ETT HJÄRTA FÖR FÖRFATTARE Á LA ESCUCHA DE LOS AUT
ΚΑΡΔΙΑ ΓΙΑ ΣΥΓΓΡΑΦΕΙΣ UN CUORE PER AUTORI ET HJERTE FOR FORFATTERE EEN
ZERZÖINKÉRT SERCE DLA AUTORÓW EIN HERZ FÜ
OS OS A CORAÇÃO ВСЕЙ ДУШОЙ К АВТОРАМ ETT HJÄRTA FÖ

Der Autor

Friedel Marksteiner war erfolgreich als
Organisationsberater, Softwareentwickler und
Projektmanager tätig. Er ist Jahrgang 1943 und
im schönen Wien geboren. Er ist verheiratet,
hat zwei Töchter und drei Enkeltöchter und lebt
mit seiner Frau in Gräfelfing bei München. Seit
mehr als dreißig Jahren ist er als Yoga-Trainer
tätig. Über Yoga und dessen Berührung mit der
westlichen Kultur hat er das Buch „Yoga – die
Kunst des Wandels" geschrieben, das 2009 im
Scorpio-Verlag erschien. Aus seiner langjährigen
Yoga-Praxis heraus ist auch der Impuls für dieses
Buch entstanden: den praktischen Zugriff auf Geist
und Bewusstsein, der die philosophische Lehre des
Yoga auszeichnet, mit den analytischen Methoden
zu verbinden, die eine Stärke unserer westlichen
Kultur sind.